KB203777

현대인을 위한
종교개혁의 5대 원리

현대인을 위한 종교개혁의 5대 원리

지은이: 최성수
펴낸이: 원성삼
책임편집: 홍순원
표지 디자인: 한영애
펴낸곳: 예영커뮤니케이션
초판 1쇄 발행: 2017년 9월 8일
출판신고 1992년 3월 1일 제2-1349호
04018 서울시 마포구 동교로 55 2층 (망원동, 남양빌딩)
Tel (02)766-8931 Fax (02)766-8934

ISBN 978-89-8350-971-0 (03230)

잘못 만들어진 책은 구입처에서 교환해 드립니다.

정가 10,000원

www.jeyoung.com

이 도서의 국립중앙도서관 출판예정도서목록(CIP)은 서지정보유통지원시스템 홈페이지(http://seoji.nl.go.kr)와 국가자료공동목록시스템(http://www.nl.go.kr/kolisnet)에서 이용하실 수 있습니다.(CIP제어번호: CIP2017021458)

모든 인간은 하나님의 형상을 닮은 존엄한 존재입니다. 전 세계의 모든 사람들은 인종, 민족, 피부색, 문화, 언어에 관계없이 존귀합니다. 예영커뮤니케이션은 이러한 정신에 근거해 모든 인간이 존귀한 삶을 사는 데 필요한 지식과 문화를 예수 그리스도의 사랑으로 보급함으로써 우리가 속한 사회에 기여하고자 합니다.

현대인을 위한

종교개혁의 5대 원리

최성수 지음

예영커뮤니케이션

사진 설명: 루터의 동상이 있는 비텐베르크 광장

차례

서문

2017년은 1517년 10월 31일 독일의 수도사 마르틴 루터가 95개 조 반박문을 비텐베르크 성 교회 출입문에 내걸면서 시작된 종교개혁 500주년을 맞는 해이다. 실제로 95개 조 반박문을 붙였는지는 확실하지 않다는 입장도 있으나, 무엇보다 중요한 것은 그 내용이 개혁을 촉발했다는 사실이다. 뜻깊은 날이라 여겨 독일을 비롯한 전 세계 개신교 교회와 기독교 단체는 '종교개혁'의 의미를 되새기고 또 그 의미를 현대에 맞게 새롭게 조명하려는 노력을 다방면으로 기울이고 있다. 각종 형태의 기념행사들을 준비하는 것은 물론이고 루터의 종교개혁을 오늘의 맥락에서 조명하는 책들의 출간이 줄을 잇고 있다.

종교개혁 500주년을 맞이하면서 필자는 종교개혁의 기

본 정신이라 할 수 있는 원리들을 살펴볼 기회를 가졌다. "오직 은혜로(*sola gratia*)", "오직 믿음으로(*sola fide*)", "오직 성경으로(*sola scriptura*)", "오직 그리스도(*solus Christus*)" 등 4대 원리를 말한다. 사실 종교개혁 당시 루터에게 있어서 가장 중심이 되었던 원리는 "오직 그리스도"였다. 이것은 두 개의 원리(*sola gratia*와 *sola fide*)로 구체적으로 드러났고, "오직 성경"은 이들 원리의 근거와 관련해서 강조되었다. 그래서 네 개의 원리로 확장되었고, 칼뱅 전통에서 유독 강조하는 "오직 하나님께 영광(*soli Deo gloria*)"를 포함해 5대 원리라 말하기도 한다.

이 글은 주로 전문적인 신학교육을 받지 않은 성도들을 염두에 두고 집필하였다. 루터의 기본 사상을 살펴보면서 이것들이 그의 신앙 경험에서 비롯한 것임을 알고 매우 놀랐다. 따라서 이론적인 서술보다 신앙 경험을 염두에 둔 서술이 더 적합하다는 생각을 하게 되었다. 곧 신학적인 논쟁을 서술하는 방식을 피하고 가능한 한 5대 원리들을 쉽게 이해할 수 있도록 했다. 목회현장에서 종교개혁의 5대 원리를 성도들에게 교육할 의향이 있지만 마땅한 자료를 찾지 못하는 목회자들도 유용하게 사용할 수 있을 것으로 기대한다. 성도들과 함께 읽어가면서 그 의미를 살펴보는 것도 유익할 것이다.

원리들을 이해하기 위해서는 무엇보다 먼저 주제들을 이해하는 것이 순서라고 생각해서 각 원리가 제시하고 있는 주제들(그리스도, 은혜, 믿음, 성경, 하나님의 영광)을 별도로 다루었다. 이들 주제에 관해서도 독자들이 쉽게 이해할 수 있도록 포괄적인 서술은 피하고 다만 원리를 이해하는 데에 꼭 필요하다고 여겨질 내용을 중심으로 개괄하였다.

그밖에 보통은 종교개혁 원리에 따른 신앙에서 비롯한 것이라고 말은 하지만 실제로는 오해에서 비롯한 몇 가지 문제들을 다루었다. '믿음으로 구원을 받는다.'는 표현에 대해, "칭의와 하나님 나라", "'은혜로'의 허구와 실제", 그리고 "성경 읽기에서 성령의 조명하심이 필요한 이유" 등이다.

부록으로 제시된 글은 이정배 교수님이 이끄는 모임에서 발표할 글을 준비하면서 작성한 것인데, 종교개혁이 과거의 사건이 아니라 현재진행형이 되기 위해서 가장 중요하게 생각해야 할 점이 무엇인지와 관련해서 고민한 결과이다. 교회의 진정한 개혁은 교회의 잘못된 관행을 비판하는 데에 있기보다는 신학적인 새로운 인식에서 비롯한다는 주장을 다루었다. 변화는 그 후에 이어지는 결실에 불과하다는 것이 필자의 생각이다.

종교개혁 500주년을 맞이하면서 독자들이 종교개혁을 가능하게 했던 기본 정신을 숙지하여 종교개혁이 단지 과거의 사건이 아니라 오늘의 삶에서도 계속될 이유를 발견하고 계속되는 개혁의 동력을 얻는 데에 조금이라도 보탬이 된다면 그것으로 필자는 만족한다.

끝으로 이 모든 수고가 오직 하나님께만 영광이 되길 바라고, 이 글의 초고를 함께 읽고 공부하며 신앙 회복을 다짐했던 순천중앙교회 고등부 교사들에게 이 책을 바친다.

최성수

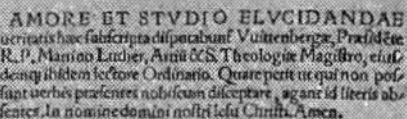

95개 조 반박문

1
예수 그리스도

우리가 흔히 사용하는 '예수 그리스도'에서 예수는 히브리어 '예수아(긴 표기는 여호수아)'의 헬라어 표현이다. "여호와께서 구해 주신다."는 뜻을 가졌고, 그리스도는 히브리어 메시아(기름 부음을 받은 자)의 그리스어 번역이다. 그러니까 '예수 그리스도'는 역사적인 예수가 구약의 선지자들이 예언하였던 존재이며, 하나님이 보내주신 메시아임을 증거한다. 원래 예수에 붙여졌던 칭호인 '그리스도'는 그 후로 예수에 덧붙여 '예수 그리스도' 혹은 '그리스도 예수'의 형태로 사용되어 고유명사가 되었다. 예수 그리스도는 단순한 이름 이상의 의미가 있는데, 특히 그에게서 나타날 하나님의 사역을 엿볼 수 있게 한다. 하나님은 예수를 통해 세상을 구원하실 것이며, 예수는 세 가지(제사장, 선지자, 왕) 직분을 통해 하나님의 일을 이루실 것이라는 의미이다.

당시 유대교 전통에서 볼 때 역사적인 인물인 예수와 과거 선지자들을 통해 예언된 메시아가 동일 인물임을 믿는 일은 쉽지 않았다. 무엇보다 사람들이 기대하는 메시아 이미지와 부합하지 않았기 때문이다. 세례 요한마저도 그랬는데, 그래서 그는 옥에 갇혀 있을 때 제자들을 예수께 보내 다음과 같이 묻도록 했다.

> 오실 그이가 당신이오니이까 우리가 다른 이를 기다리오리이까(눅 7:19).

세례 요한 자신도 확신할 수 없었기 때문에 예수가 구약에서 예언된 그분인지, 아니면 다른 때를 기다려야 하는지를 물은 것이다. 세례 요한의 질문을 받은 예수는 이렇게 대답하였다.

> 너희가 가서 보고 들은 것을 요한에게 알리되 맹인이 보며 못 걷는 사람이 걸으며 나병환자가 깨끗함을 받

으며 귀먹은 사람이 들으며 죽은 자가 살아나며 가난한 자에게 복음이 전파된다 하라 누구든지 나로 말미암아 실족하지 아니하는 자는 복이 있도다(눅 7:22-23).

이사야서를 인용하며 대답하였는데, 이는 구약의 예언이 예수의 사역을 통해 성취되고 있는 것을 보고 판단하라는 말이다. 메시아가 누구인지는 사역을 보고 알 수 있다는 말이겠다. 이로써 누가는 예수의 인격과 사역이 선지자를 통해 주신 하나님의 말씀과 일치한다는 사실을 확인해 주었다.

그리고 사도행전을 보면, 초대교회 성도와 바울은 전도할 때 "예수는 그리스도다(행 5:42, 18:5, 18:25)."라는 표현을 사용했는데, 이로써 예수가 구약에서 예언된 그리스도임을 힘 있게 증거했다. 그 후 두 단어는 하나로 묶여 고유명사처럼 사용되었다. 곧 예수 그리스도는 "예수는 그리스도이다."는 선포이면서 또한 고유명사가 되었다. 따라서 예수 그리스도에 대한 이해는 독립된 형태가 아니라 구약의 선지자들이 예언했던 말씀의 맥락에서 이뤄져야 한다.

예수 그리스도는 누구인가? 오늘날 그리스도인에게 가장 중요한 질문 중 하나다. 신학적으로는 기독론(Christology)

이라는 주제로 다뤄지는 중심 질문이다. 역사적으로 실존했던 예수와 구약의 예언에 등장하는 그리스도와의 관계를 묻고 또 설명한다. 여기서 중심이 되는 것은 그의 인격과 사역(그리고 죽음과 부활)인데, 이와 관련해서 크게 두 가지 방향의 대답이 주어진다. 하나는 삼위일체 하나님과의 관계에서 그리스도는 누구인지에 대해, 다른 하나는 그리스도는 무엇을 하셨는지에 대해 말한다. 전자는 그리스도의 속성과 본성에 관한 것이고, 후자는 그를 통해 나타난 하나님의 사역에 관한 것이다.

그리스도의 본성과 속성은 삼위일체론의 맥락에서 다뤄지고(325년과 381년 니케아-콘스탄티노플 신경), 또한 양성론(451년, 칼케돈 신경)이라는 이름으로 그의 신성과 인성의 관계를 다룬다. 이것은 삼위일체론에서 중점적으로 다뤄지기 때문에 이곳에서는 간략하게 언급하고 주로 사역에 집중하여 살펴보겠다.

인격에 대한 이해는 크게 두 가지로 나타난다. 하나는 역사적인 예수의 모습이고, 다른 하나는 삼위일체와 관련해서 하나님의 아들, 곧 성자로서 모습이다. 먼저 예수는 유대 땅에서 성령으로 잉태되어 마리아의 몸을 통해 태어나셨고 다윗의 후손인 요셉의 아들로 자라셨으며, 후에 열두 제자들을 선택하여 세우셨고(가룟 유다는 십자가 사건 후에 양심의 가책을 극복하지 못해 자살하고 대신 맛디아가 선출되었다), 유대와 사마리아 지역 및 이방인 지역을 두루 돌아다니면서 가르치셨고, 병을 고치셨으며, 하나님 나라에 관한 복음을 선포하시다가 유대인들에 의해 신성모독의 죄로 고소되어 당시 로마 총독인 빌라도에 의해 심판을 받으셨으며, 로마군에 의해 십자가에 못 박혀 죽으셨고, 사흘 만에 부활하여 승천하셨다.

성부와의 관계에서 성자로 이해되는 예수는 하나님의 아들로서 하나님과 같은 본체이시다. 다윗의 후손으로 태어나셨지만, 하나님의 보내심에 순종하여 육체를 입고 이 땅에 오셨다. 특히 요한은 "말씀이 육신이 되었다(Incarnation)."라는 표현으로 예수 그리스도의 선재성(先在性)을 증거했는데, 이는 곧 하나님이 사람이 되었다는 말이다. 예수는 하나님으로서 인간이 되셨다. 니케아 공의회(325년)에서는 성자와 성부의 동일본질(*homoousios*)을 확정하였고, 칼케돈 공의회(451년)에서는 성자의 두 본성과 관련해서 "참으로 하나님이시며 참으로 인간이시다(*vere Deus vere Homo*)."라고 고백했다. 이와 관련해서 칼케돈 신경은 네 개의 원칙을 덧붙여 제시하였다. 곧 예수 그리스도 안에 신성과 인성은 "혼

동 없이(inconfusedly)", "변화 없이(unchangeably)", "분할 없이(indivisibly)", "분리 없이(inseparably)" 계시되었으며[1], 본성들의 차이는 비록 결합하여 있으나 결코 소멸하지 않는다. 이 말은 서로 이질적인 신성과 인성이 존재하는 것이 보통의 인간에게는 결코 있을 수 없는 일이나, 예수의 인격에서 하나님에 의해 가능해졌다는 것이고, 그러므로 이것은 이해할 사항이 아니라 고백할 수밖에 없다는 말이다. 이것은 단지 예수 안에 하나님이 내주하셨다는 말이 아니다. 예수는 하나님이시다. 또한 예수는 하나님으로서 인간의 형체를 입고 있었을 뿐이라는 말도 아니다. 예수는 우리와 같은 인간이시다.

예수의 사역은 크게 네 가지로 구분한다. 보통은 세 가지로 이해됐으나, 개인적으로는 두루 다니셨다는 사실을 하나 더 첨가해야 한다고 생각하는데, 왜냐하면 이것은 실제로 예수님은 특정 지역에 매여 사역하지 않으셨음을 알려주며 또한 오늘날 선교의 맥락에서 매우 중대한 의미가 있기 때문이다. 예수는 광야로, 거리로, 집으로, 성전으로, 이방인 지역 등으로 두루 다니시면서 가르치셨고, 병을 고치

---

1 라틴어로는 *inconfuse, immutabiliter, indivise, inseperabiliter*

셨으며, 하나님 나라에 관한 복음을 선포하셨다.

이 사역들은 갖가지 이적과 기적을 동반했고, 한편으로는 사람들의 관심을 받았지만, 다른 한편으로는 적대감을 불러일으키기도 했다. 결국 예수의 가르침을 받아들일 수 없었던 사람들은 예수의 이적과 기적을 믿지 않았고, 오히려 스스로 '하나님의 아들'이라고 말했던 사실에 대해 신성모독 죄를 뒤집어씌워 십자가에 못을 박도록 로마군에 내어 주었다. 그러나 예수는 죽은 자 가운데서 사흘 만에 부활하셨고, 일정 시간을 제자들과 함께 보내신 후에 승천하시어 하나님 우편에 앉아서 세상을 다스리시고, 마지막 때에 심판주로서 다시 오실 것이다.

예수 그리스도는 누구인가? 이 질문은 또 다른 맥락에서 두 가지 의미가 있다. 하나는 과거 유대 땅에서 실재했던 예수에 관해 묻는 말로 소위 역사적 예수 연구에서 중심 주제로 다루는 질문이다. 다른 하나는 신앙의 대상으로서 그리스도에게 관한 질문이다. 성경에는 두 가지 방향의 관심이 모두 나타나고 있는데, 복음서에서 역사적 예수에 관한 관심은 부분적으로 나타나고 주로 신앙의 대상으로서 예수 그리스도가 중심이 되고 있다.

예수 그리스도의 지상 사역은 네 개의 복음서(마태, 마가,

누가, 요한)에 기록되어 있는데, 우리가 예수 그리스도와 그의 사역을 알 방법은 오직 이 복음서들뿐이다. 물론 Q자료라 불리는 소위 가상의 예수 어록이 있다. 이것은 실제로 발견된 것이 아니라 마가복음에 나오지 않는 것으로 마태와 누가가 참조했다고 여겨지는 가상의 문서다. 이것 역시 복음서를 배제한 채 독립적으로 사용될 수는 없다. 사해에서 발견됐다고 하는 쿰란 문서 역시 복음서를 바탕으로 참고할 뿐, 복음서를 배제하고는 예수를 이해하는 데에 독립적으로 사용되지 않는다.

앞서 언급했듯이, 예수 그리스도를 알려고 할 때 우리는 두 개의 질문을 만난다. 하나는 '예수는 누구인가?'이고, 다른 하나는 '그리스도는 오늘 우리에게 누구인가?'이다. 앞의 질문은 역사적인 관점을 반영하는데, 신약성경 중에 네 개의 복음서를 통해 과거 유대 땅에서 실존했던 예수를 알고자 한다. 신약의 네 복음서는 베들레헴에서 태어나 나사렛이란 곳에서 자란 예수가 어떻게 그리스도로 고백되었고, 그를 통해서 하나님이 어떤 일을 하셨는지를 전해 준다. 사도행전은 '예수가 그리스도'라는 사실이 당시 유대교인들에게는 하나의 복음을 증거하는 문구로 사용되었음을 전해 준다. 관건은 역사적인 예수에 대한 지식이 어떻게 그리스도에 대한 신앙으로 변하게 되었는지를 아는 일이다. 곧 양자 사이에서 나타나는 차이와 지식이 신앙으로 전환된 사실을 알기 위해서는 당시 제자들에게 어떤 일이 일어났는지를 알아야 하는데, 복음서는 바로 이 문제에 대한 해결책을 제시해준다.

마태복음과 누가복음의 기록에 따르면, 예수는 육체적으로는 비록 몰락한 다윗의 후손인 요셉의 아들이지만, 원래는 세상의 구원을 원하신 하나님이 보내신 자로서 성령으로 잉태되어 태어났으며, 요한복음에 따르면 말씀(로고스)이 육신이 되어 세상에 온 하나님의 아들이다. 예수는 세상에서 하나님과 그의 사랑 그리고 그의 나라의 현신을 다양한 방식으로 나타내 보였으나, 세상은 그를 인정하지 않고 영접하지 않았으며 오히려 십자가에 못 박아 죽임으로써 하나님의 뜻을 부정하였다. 그러나 하나님은 예수를 사흘 만에 죽은 자 가운데서 다시 일으켜, 예수 그리스도의 지상 사역과 그를 통해 주신 하나님의 말씀이 진리이고 또 하나님의 뜻이 옳으며 그리고 하나님의 약속은 그 어떤 필연적인 사실을 극복하는 일이 있더라도 반드시 성취됨을 입증하였다.

> 내가 곧 길이요 진리요 생명이니 나로 말미암지 않고는 아버지께로 올 자가 없느니라(요 14:6).

예수 그리스도의 부활은 유대교 전통에서 그가 의인이었음을 계시하는데, 무엇보다 예수 그리스도의 부활을 통해 하나님은 약속을 반드시 지키시는 분임을 스스로 입증하셨다. 예수의 부활을 직접 경험했던 제자들이나 그들의 증거를 들은 사람들은 많은 점에서 변했다. 가장 대표적인 것이 예수가 주님이시고 그리스도이시며 살아 계신 하나님의 아들로서 세상의 왕이요 구주로 고백한 것이다. 그들은 제자의 신분으로 예수를 따르며 들었던 많은 것들을 부활을 경험한 후에 새롭게 인지할 수 있었고, 또한 성경에 예언된 그리스도가 바로 예수에게서 현실이 되었다는 사실을 확신할 수 있었다. 예수의 부활을 의심했던 도마의 고백은(요 20:28 "나의 주님이시요 나의 하나님이시니이다.") 부활한 예수를 만난 사람들이 어떻게 변하는지를 보여 주는 대표적인 사례이다. 부활의 주님을 만난 제자들은 성령의 충만함을 받아 부활의 증인이 되어 담대하게 하나님 나라의 복음을 전했고, 예수 믿는 자들을 박해하는 일에서 매우 열심이었던 사도 바울 역시 부활의 주님을 만난 후에 이방인의 선교사로 활동하였다. 물론 엠마오로 가는 두 제자들 역시 부활의 주님을 만난 후에 부활을 증거하기 위해 다시금 예루살렘으로 돌아갔던 사실도 간과해서는 안 될 것이다.

그런데 인식의 확장을 표현하는 이런 증거는 오히려 당시 유대교와 로마 그리고 이방인에게까지 적대감정을 일으키는 요인이 되었다. 복음은 구원을 갈망하는 사람에게는 기쁜 소식이지만, 육체를 영혼의 수용소로 여겼던 헬라 철학 사상에 매료되어 있는 사람에게는 미련한 말이었고, 예수를 그리스도로 인정하지 않고 인간 위에 군림하면서 기득권을 유지하려는 유대인들에게는 분노의 원인이었다. 복음은 예수 그리스도에게서 하나님 나라가 실현된다는 것을 선포하는 일이었지만, 그것을 듣는 사람들과 시대와 관련해서는 비판적인 메시지를 담고 있어서 그리스도인들은 박해를 피할 수 없었다. 그럼에도 불구하고 제자들은 복음의 승리를 확신할 수 있었는데, 왜냐하면 심판의 주로서 다시 오실 것이라는 약속이 있었고, 예수의 부활로 인해 그 약속이 반드시 성취될 것에 대한 소망이 있었기 때문이다.

두 번째 질문은 말 그대로 예수 그리스도가 오늘 우리에게 어떤 의미를 갖는지를 묻는 질문이다. 이 질문을 처음으로 제기한 사람은 바울이라고 생각한다. 그는 예수가 살아

있을 때는 직접 만나지 못했고, 오직 부활하신 예수를 환상 중에 만났을 뿐이다. 그런 바울에게 예수는 복음 전파와 함께 전승된 예수 그리스도였다. 다시 말해서 다른 제자들이 예수를 이해하고 있었던 것과 바울의 이해에는 약간의 차이가 있을 수밖에 없었는데, 서로 다르다기보다는 경험과 관점의 차이에서 비롯하는 다양성을 반영한다. 다시 말해서 바울의 그리스도는 복음서에 비해 상당히 추상적이다. 이로 미뤄보건대, 바울은 예수에 대한 역사적인 관심을 보인 것이 아니라, 당시 선교의 현장에서 그리고 교회와 성도의 삶과 관련해서 예수 그리스도는 누구인지를 묻고 또 그 질문에 나름대로 대답하려 했다고 말할 수 있다. 대표적인 예는 율법과 복음의 관계에 대한 증거와 문자와 영의 관계에 대한 증거 그리고 성찬에 관한 증거이다. 율법과 복음의 관계에서 예수 그리스도의 의미는 사도 바울이 평생 동안 강조해 온 것이고, 성찬과 관련해서는 성찬 관행에 문제가 있다고 여긴 바울은 고린도교회에 보내는 편지에서 예수에게 기원하여 전승되어 온 성찬의 관행을 전제하면서도 그것이 교회와 성도들에게 어떤 의미를 갖는지를 설명했다.

이런 해석학적인 질문은 독일 신학자 디트리히 본회퍼(Dietrich Bonhoeffer)를 통해 널리 알려졌다. 그는 "예수 그리스도는 오늘 우리에게 누구인가?"를 물었다. 사실 예수에게 붙은 칭호, 곧 메시아, 주, 인자, 왕, 제사장, 선지자 등은 당시 예수 그리스도가 어떻게 이해되었는지를 잘 말해준다. 유대교적인 전통에서 이해되었고, 당시 종교문화적인 관습에 따라 이해되었다. 그러나 유대교 전통을 공유하고 있지 않은 우리들에게 성경에 나오는 칭호들은 다소 낯선 면이 없지 않다. 본회퍼는 2000년 전 예수 그리스도를 아는 것도 중요하지만, 나치 치하에서 예수 그리스도가 성도들에게 어떤 의미를 갖는지를 아는 것에 관해서도 진지한 관심을 가졌다. 이 질문에 대해 본회퍼는 그리스도인으로서 책임 있는 삶을 통해 대답하였다. 이와 관련해서 오늘 우리 역시 우리의 실존과 역사 그리고 문화적인 상황에서 예수 그리스도는 누구인지를 묻지 않을 수 없다.

예수 그리스도는 오늘 우리에게 무엇을 의미하는가? 예수 그리스도를 아는 일에서 왜 이런 질문을 해야 했을까? 이렇게 묻는다고 해서 역사적인 예수의 실재를 의심하거나 아무런 의미가 없다고 말하는 것은 아니다. 그것은 매우 중요한 사실이고, 다만 그의 인격과 사역을 역사적으로 고증하지 못할 뿐이다. 결국 예수 그리스도가 오늘 우리에게 무엇을 의미하는지를 묻는 질문은 단지 사실을 간과하고 오직 의미만을 중시하기 때문에 제기하는 건 아니다. 무엇보다 예수 그리스도는 죽지 않고 살아 있으며, 지금도 하나님 우편에서 세상을 다스리실 뿐 아니라 우리를 위해 간구하며 또한 성령을 통해 일하심을 믿기 때문에 제기한다. 사도행전은 예수의 인격과 사역이 성령을 통해 사도들에게 계속 나타나고 있음을 증거한다. 그의 부활과 승천 이후에 나타난 성령 강림은 오늘날에도 예수 그리스도의 인격과 사역을 말할 수 있는 이유이다. 성령의 역사가 일어나는 곳은 어디든지 예수 그리스도의 인격과 사역에 대한 경험이 나타난다. 우리가 예수 그리스도를 믿으면서 성령의 임재와 충만을 간구하는 이유이다. 간혹 성령의 역사를 오해하고 또 잘못된 영의 이끌림으로 이단에 빠지는 경우가 있는데, 따라서 영이 예수 그리스도에게서 온 것인지를 분별하는 일은 신앙에서 매우 중요하다. 요한은 당시 영지주의자들에 맞서 싸우면서 성령이 아니면 예수 그리스도를 주라 시인하지 않는다고 말했다(요일 4:1-3).

또한 오늘 우리에게 예수 그리스도가 무엇을 의미하는지를 묻는 일은 역사적으로 실재했던 모습을 복원하는 일이 불가능해지면서 자연스레 제기된다. 당시의 성도들이 예수 그리스도를 구약에 근거해서 또 전승된 증거에 따라 예수를 믿었다면, 오늘 우리에게는 예수의 인격과 사역이 어떻게 이해될 수 있는지를 묻는다. 왜냐하면 당시의 성도들이 예수 그리스도를 이해할 때는 당시의 시대적 문화적 종교적 환경이 바탕이 되었기 때문이다. 여러 가지 면에서 당시 상황과 다른 오늘날 예수 그리스도는 어떻게 이해할 수 있는지를 물을 수밖에 없다. 다시 말해서 오늘 우리의 삶과 환경에서 예수 그리스도는 어떻게 이해할 수 있을까?

야로슬라프 펠리칸(Jaroslav Pelikan)은 『예수의 역사 2000년-문화사 속의 그리스도의 위치』(서울: 동연, 1999)에서 2000년 역사를 거쳐 오면서 예수가 어떻게 다양하게 인지됐는지를 잘 정리하여 서술하였다. 이와 관련해서 볼 때, 예수 그리스도에 대한 이해는 시대마다, 지역마다, 문화와 성별의 차이에 따라 다르게 이해되었고, 그럴 수밖에 없었음을 알 수 있다. 심지어 예수 그리스도에 대한 이해가 서로 충돌되어 같은 신앙을 가진 사람들끼리 갈등과 반목하는 때도 발생했다. 대표적인 사례는 서양과 동양, 북미와 남미, 백인과 흑인, 남성과 여성, 청년과 장년, 부자와 가난한 자, 지배자와 피지배자의 이해에서 나타나는 차이이다. 종교적 배경도 다르고, 문화가 다르며, 문명의 정도나 인종도 다른 상황에서 예수 그리스도에 대한 이해는 서로 달라질 뿐만 아니라, 심지어 강자와 약자의 현실이 지배적인 상황에서는 서로 반목하고 갈등할 수밖에 없다.

결국 역사적인 예수에 집중하지 않고, 오늘 우리에게 무엇을 의미하는지를 묻는 말 때문에 예수 그리스도에 대한 이해에서 일치점을 찾기가 어려워졌다고 말할 수 있다. 만일 서로 다른 이해에 내맡겨둔다면, 기독교는 더는 일치점을 찾을 수 없을 것이고 문화와 지역 그리고 인종에 따라 각기 다른 '예수 그리스도'를 믿는 일이 벌어질 것이다. 이 문제를 어떻게 해결해야 할까?

무엇보다 자신의 관점에서 예수 그리스도를 이해하려는 노력을 멈추어야 한다. 사실 누구도 자신의 관점을 버리고 객관적인 입장을 온전히 취할 수는 없다. 그러나 성경의 기록을 자신의 관점에서만 이해하려고 하지 말고, 오히려 성경 속 예수 그리스도는 성령의 감동을 받은 저자들의 신앙 고백이었던 것처럼, 그에 대한 증거가 우리의 고백이 될 수 있는 방향에서 예수 그리스도를 이해하려고 해야 한다. 기대와 소망을 갖고 이해해야 한다는 말이다. 예컨대, 여성이 보는 그리스도와 남성이 보는 그리스도는 다를 수 있다. 만일 성경을 이해하는 데에 여성적 혹은 남성적 관점으로 출발한다면, 남녀 각각 다른 그리스도를 고백할 수밖에 없고,

이렇게 되면 그리스도는 나뉘게 되고 심지어 서로 대립하는 구조를 만드는 이유가 된다. 그러나 만일 그리스도의 말씀과 행위에 대한 여성적 경험과 남성적 경험으로 출발한다면, 그래서 서로 다름을 인정하지만, 서로 일치를 지향하는 마음에서 성경 속 예수 그리스도를 고백하는 방향에서 대화가 진행된다면, 비록 지금은 남녀 사이에서 이해의 차이를 극복할 수 없을지라도 일치된 인식을 기대할 수 있고 또 소망할 수 있으며, 이렇게 될 때 그리스도는 절대 나뉘지 않게 된다.

부부가 서로 갈등할 때, 만일 문제를 여성적 관점이나 남성적 관점에서 이해하고 또 각자 자신의 옳음을 주장한다면, 갈등과 문제 해결은 절대 가능하지 않다. 심하면 이혼으로 이어질 뿐이다. 그러나 경험의 차이를 서로 이야기하면서도 부부로서 함께 해결해 나가야 할 문제에 관심을 두고 그 문제를 해결할 것을 지향한다면, 비록 의견의 차이는 좁히지 못해도 해결의 실마리를 위해 서로의 도움을 기대할 수는 있다.

마찬가지로 그리스도에 대한 이해의 차이와 갈등은 그리스도 때문이 아니라 그리스도를 보는 사람들이 다르고 그들 각각의 관점에 차이가 있기 때문이다. 서로가 자신의 주장을 관철하려고만 한다면 해결되지 않겠지만, 서로가 함께 힘을 모아 문제를 해결하려 노력하면서 예수 그리스도를 공동으로 고백하려고 노력한다면, 해결은 비록 지연되긴 해도 나눠질 필요는 없어진다. 기대할 수 있고 또 소망할 수 있다.

예수 그리스도는 무엇보다 부활하심으로 단지 역사적인 예수의 의미를 초월할 수 있었다. 보편적인 그리스도에 대한 믿음은 바로 부활 사건과 부활에 대한 제자들의 경험을 통해 태동한다. 예수 그리스도는 살아계셔서 아버지 우편에 앉아계시며, 성령을 통해 모든 믿는 자와 함께 계실 뿐 아니라 마지막 날에 다시 오심으로 영원한 나라를 세우실 것이다. 예수의 부활은 이처럼 미래에 일어날 사건을 미리 취한다. 그러므로 우리가 부활의 주님을 만난다면, 그것은 단지 놀라운 사건으로 경험될 뿐만 아니라 미래로 이끌림을 받는 의미가 있다. 따라서 수많은 사람이 예수를 보았어도 오직 부활의 주님을 만난 사람들에게만 변화가 일어난 까닭은 예수 그리스도에게서 참 하나님을 만나고 또 세상의 미래를 보았기 때문이다.

예수 그리스도가 주님이며 세상을 다스리는 왕이라는 고백과 관련해서 기독교 자체에서도 문제는 발생했다. 문제는 예수 그리스도에 대한 믿음과 인식이 확산하면서 나타났다. 다시 말해서 예수 그리스도가 모든 것 가운데 모든 것이라면, 부활 후에 지금도 살아 있어 세상을 다스린다면, 그리고 "하늘과 땅의 모든 권세를 내게 주셨으니(마 28:18)." 라고 말했는데, 어찌해서 세상은 여전히 그리스도의 말씀대로 혹은 그의 뜻대로 되지 않는 건가? 세상은 왜 여전히 불의로 가득하고 또 예수를 그리스도로 인정하지 않으며, 예수 그리스도에 대한 믿음은 왜 보편적이지 않은가? 이런 질문은 이미 성경이 기록되던 때부터 제기되었다. 히브리서 저자는 2장 8절에서 이렇게 말한다.

> … 만물로 그에게 복종하게 하셨은즉 복종하지 않은 것이 하나도 없어야 하겠으나 지금 우리가 만물이 아직 그에게 복종하고 있는 것을 보지 못하고.

사도들과 제자들은 예수 그리스도의 복음을 전할 때 직면할 수밖에 없는 이런 문제에 해결책을 제시해야 했다. 이 문제를 어떻게 해결할 수 있을까? 이런 상황에서 그들이 주목했던 것이 바로 예수 그리스도의 고난과 부활이었다. 하나님의 아들로서 세상에 보냄을 받아 오신 예수 그리스도는 오히려 세상에서 인정받지 못하고 고난받을 수밖에 없었다는 사실이다. 다시 말해 만물이 아직 그에게 복종하지 않은 까닭은 하나님은 고난받는 종의 모습을 통해 당신을 계시하시기 때문이다. 하나님의 통치는 결코 세상의 통치방식과 같지 않다. 보기에는 사람들이 복종하지 않고 또 예수 그리스도를 십자가에 못을 박아 죽게 함으로써 그들의 뜻이 하나님의 뜻을 무효화시키는 것으로 보이지만, 하나님은 오히려 예수 그리스도의 고난과 부활을 통해 당신의 뜻을 관철한다.

사람들이 생각하는 것과 하나님이 실제로 행하시는 일 사이에 존재하는 차이를 가장 잘 보여준 사례는 엠마오로 가는 두 제자의 이야기다. 마가복음에는 간단하게 언급하고 있는 내용을 누가는 상세하게 전해줌으로써 이야기가 갖는 의미를 더해 주었다. 내용은 예수 그리스도가 십자가에서 죽은 후 그리고 부활했다는 소문을 들었으나 그것을 믿지 못했던 두 제자가 예수 그리스도에 대해 크게 실망하여 돌아가는 도중에 부활의 주님을 만난 이야기를 담고 있다.

우리는 이 사람이 이스라엘을 속량할 자라고 바랐노라

이뿐 아니라…(눅 24:21).

고향으로 돌아가는 두 제자는 자신의 실망감을 이렇게 표현하였다. 그들에게 나타나 동행하신 예수는 그들이 승리자로 등극할 것으로 기대했던 그리스도가 오히려 고난을 받아야 한다는 사실을 설명해 주었다(성경해석). 그리고 그들과 대화하면서 갈 때 그들의 마음은 뜨거워졌고(설교 및 신앙적인 대화), 그들이 집에서 함께 식사를 나누는 중에(성만찬) 그들의 눈이 밝아져 예수 그리스도임을(예수 그리스도에 대한 고백) 알게 되었다. 그리고 다시 예루살렘으로 돌아가 제자들에게 자신들이 만난 예수 그리스도를 증거하였다(선교).

엠마오로 가는 두 제자의 이야기는 부활하신 자로서 승리하신 예수 그리스도를 경험하고 또 기대할 수 있는 삶의 자리가 바로 예배임을 알려준다. 그리스도인의 예배는 아버지로부터 하늘과 땅의 모든 권세를 넘겨받으신 예수 그리스도가 부활의 주님이며, 왕이며, 승리자이며, 장차 오실 심판자임을 알게 하고 또 고백하게 한다.

이것은 의식화된 예배를 통해 드러나면서 또한 일상의 예배를 통해 구체화한다. 다시 말해서 그리스도인으로서 세상에 나가 사는 일은 세상의 통치를 구체화하는 일이다. 아버지가 아들을 보내셨듯이 아들 역시 그리스도인들을 세상에 보내면서 예수 그리스도가 세상을 다스린다는 사실을 알린다. 그리스도인이 고난을 받는다는 사실은 예수 그리스도가 함께 있지 않다는 사실을 말하지 않는다. 오히려 그리스도는 우리와 함께 있는 자로서 함께 고난을 받는다. 그리스도는 세상에서는 고난을 통해 영광을 얻으시기 때문에, 그리스도인 역시 고난을 통해 그리스도가 어떤 분임을 증거하며 또한 그리스도의 영광에 참여한다. 빌립보서 1장 29절에서 바울은 이렇게 말했다.

> 그리스도를 위하여 너희에게 은혜를 주신 것은 다만 그를 믿을 뿐 아니라 또한 그를 위하여 고난도 받게 하려 하심이라.

예수 그리스도의 승리는 하나님의 뜻에 순종함으로써 이뤄진 일이었듯이, 그리스도인의 승리 역시 하나님의 뜻에 순종함으로써 나타난다. 그러므로 세상을 다스린다거나 혹은 세상을 이긴다는 사실은 세상의 가치와 기준으로 판단할 것이 아니다. 하나님의 뜻이 현실로 나타나게 하는 능력이 누구에게 있느냐 하는 것이다. 하늘과 땅의 모든 권세는 하나님의 뜻을 현실로 나타나게 하는 능력이다. 예수 그리스도는 십자가에 달려 죽기까지 순종하심으로써 아버지께서 세상에 보내신 목적을 온전히 이루셨다. 예수 그리스도는 하나님의 뜻에 순종하심으로써 하늘과 땅의 모든 권세를 행사하셨다. 예수 그리스도는 우리가 세상에서 이 권세를 의지하고 살 사람들을 많이 만들 것을 명령하셨다.

> 예수께서 나아와 말씀하여 이르시되 하늘과 땅의 모든 권세를 내게 주셨으니 그러므로 너희는 가서 모든 민족을 제자로 삼아 아버지와 아들과 성령의 이름으로 세례를 베풀고 내가 너희에게 분부한 모든 것을 가르쳐 지키게 하라 볼지어다 내가 세상 끝날까지 너희와 항상 함께 있으리라 하시니라(마 28:18-20).

예수 그리스도는 두루 돌아다니면서 가르치고, 병을 고쳤으며, 하나님 나라를 증거하였다. 사회적인 약자를 돌보았고, 억압받는 자들을 자유롭게 하였고, 병든 자를 고쳐주었다. 세상에 대한 하나님의 사랑을 몸소 보였다.

예수 그리스도가 오늘 우리에게 누구인지를 물어야 하고 또 물을 수 있는 중요한 이유는 아버지 우편에 앉아계신 예수는 영으로서 여전히 우리와 함께 있기 때문이다. 우리의 삶의 현장에서, 우리의 일상에서, 정치 사회 문화 환경 경제 과학 종교의 영역에서 우리가 행하는 모든 것은 예수 그리스도와 무관하게 일어나지 않는다. 모든 일과 모든 상황에서 예수와의 관계 안에서 살아야 하는 우리는 세상에 대한 책임감을 느껴야 한다. 이것은 세상을 다스리는 분으로서 예수 그리스도를 세상 가운데 나타내는 데 필요한 일이다. 이것은 일상을 살아가는 그리스도인이 오늘 우리에게 그리스도는 누구인지를 묻고 또 대답을 찾는 과정에서 실현된다.

오늘 우리에게 그리스도는 누구인가란 질문은 그리스도의 현재와 미래적인 의미를 묻는 것이며, 이를 통해 보편적인 그리스도에 대한 고백이 이뤄지고, 또한 기독교에 세상에 대한 책임감을 촉구한다.

그렇다면 오늘 우리에게 예수 그리스도는 누구일까?

예수 그리스도는 하나님의 말씀이 온전히 현실로 나타나게 하였다. 하나님이 태초에 천지를 창조할 때에도 그리스도는 영원한 지혜로서 하나님과 함께 있으면서 하나님의 뜻이 현실로 드러나게 하였다. 이 말씀은 예수에게서 육신이 되어 나타났고(요 1:14, 딤전 3:16 "그는 육신으로 나타난 바 되시고"), 하나님의 말씀은 예수의 순종, 곧 공적인 사역을 통해 현실이 되었다. 그리고 십자가에서 예수는 "다 이루었다(요 19:30)."고 말하였다. 예수 그리스도는 하나님의 말씀으로서 아버지의 뜻이 현실이 되도록 순종했을 뿐만 아니라 또한 자신의 순종을 통해 아버지의 약속이 성취된다는 것을 보여 주었다. 빌립보서 2장 6-11절에서 바울은 예수가 죽기까지 복종했을 때, 하나님이 그를 어떻게 높이셨는지를 아주 명쾌하게 증거한다.

> 그는 근본 하나님의 본체시나 하나님과 동등됨을 취할 것으로 여기지 아니하시고 오히려 자기를 비워 종의 형체를 가지사 사람들과 같이 되셨고 사람의 모양으로 나타나사 자기를 낮추시고 죽기까지 복종하셨으니 곧 십자가에 죽으심이라 이러므로 하나님이 그를 지극히 높여 모든 이름 위에 뛰어난 이름을 주사 하늘에 있는 자들과 땅에 있는 자들과 땅 아래에 있는 자들로 모든 무릎을 예수의 이름에 꿇게 하시고 모든 입으로 예수 그

리스도를 주라 시인하여 하나님 아버지께 영광을 돌리게 하셨느니라.

순종을 통해 하나님의 뜻이 온전히 현실이 되게 한 사실에 대해 하나님은 지극히 높여주시는 것으로 반응하셨다는 말이다. 하나님의 뜻이 우리의 순종을 통해 현실이 될 때, 하나님은 우리를 위한 당신의 약속을 현실로 나타나게 하신다. 따라서 순종은 비록 힘들어도 그 결과는 하나님의 영광을 보는 일로 나타난다. 하나님의 영광에 참여함으로써 택하신 족속이요 왕 같은 제사장들이며 거룩한 나라요 그의 소유가 된 백성의 자격을 얻는다(벧전 2:9).

예수 그리스도를 통해 무엇이 현실이 되었을까?

무엇보다 먼저는 하나님이 세상을 얼마나 사랑하시는지가 분명해졌다(요 3:16, 롬 5:8).

십자가 사건을 통해 우리가 하나님 앞에서 어떠한 죄인인지가 분명해졌다. 우리는 하나님의 뜻이 세상에서 현실이 되는 것을 원하지 않고, 무엇보다 그 뜻이 나를 통해, 특히 내게 이뤄지는 것을 싫어한다(사 53장). 십자가 사건은 바로 이것을 폭로한다.

예수 그리스도는 죄로 막혔던 관계에서 우리와 하나님의 화목을 이루었다(롬 5:10).

예수의 부활은 하나님의 약속은 반드시 성취됨을 보여준다(고후 1:18-20).

하나님의 의는 오직 예수 그리스도를 믿음으로만 우리에게 주어진다(롬 1:17).

약속하신 성령이 오셨다(행 1:8, 행 2:1-4).

2
오직 그리스도(solus Christus)

"오직 그리스도(*solus Christus*)"는 종교개혁 신학의 다섯 원리 중 하나로 꼽힌다. 흔히 루터 종교개혁의 네 원리라고 말하면 *sola scriptura*(오직 성경으로), *sola fide*(오직 믿음으로), *sola gratia*(오직 은혜로), *solus Christus*(혹은 *solo Christo*, 오직 그리스도로)이고, 여기에 *soli Deo gloria*(오직 하나님께만 영광)를 더하여 다섯 원리로 널리 쓰이고 있다. *soli Deo gloria*는 칼뱅 전통의 종교개혁에서 특히 중시되었다.

오늘날과 같이 종교 다원적인 사회에서 기독교 신앙에서 가장 큰 문제로 여겨지는 것이 바로 "오직 그리스도" 신앙이다. 잘못 이해하면 다른 종교의 가치와 의미를 배제하는 이유가 되고, 기독교인을 배타적이게 만드는 요인으로 작용하기 때문이다. 종교개혁의 원리 가운데 하나이고, 또한 성경의 중심으로 여겨지는 "오직 그리스도"는 과거의 유물로서 박물관으로 보내져야 할까, 아니면 오늘날에도 여전히 유효한 신앙의 원리일까? 이 질문에 대답하기 전에 먼저 "오직 그리스도"가 갖는 여러 의미를 살펴보자.

먼저 "오직 그리스도"라는 고백은 누구를 믿고 있느냐에 대한 대답이다. 우리는 예수 그리스도와 그를 통해 계시된 하나님만을 믿는다. 그 이외의 모든 것은 믿음의 대상에서 배제된다. 종교개혁의 원리로써 "오직 그리스도"를 고백하는 신앙은 오직 그리스도만이 유일한 중보자로 믿으며, 하나님과 인간을 중개한다고 여기는 어떤 신앙형태도 인정하지 않는데, 그 결과로 조상숭배나 성인숭배 그리고 성지숭배 등을 배제하는 효과가 있다. 각종 미신을 극복하는 데에도 크게 이바지한다. "오직 그리스도"는 만인 사제직 이론에도 크게 이바지하였다. 다시 말해서 교회 행위가 오직 예수 그리스도에게 전유되도록 함으로써 누구도 특권을 주장할 수 없게 했기 때문에, 사제만이 할 수 있다고 여겨진 교회 행위들 가운데 설교와 성찬의 집례를 제외한 다른 교회 행위들이 평신도(일반 성도)에게 귀속할 수 있는 신학적인 근거로 작용하였다.

둘째는 하나님은 어디서 발견할 수 있느냐는 질문에 대한 대답이다. 인간은 오직 그리스도를 통해서만 하나님을 인식할 수 있다. 왜냐하면 그를 통해서만 온전히 사람이 되셨고, 사람이 알 수 있는 모습을 가지셨기 때문이다. 일반 계시의 의미에서 이성의 역할이 하나님 인식 과정에서 완전히 배제되지는 않고, 또 세상은 하나님 인식이 일어나는 현장이라는 의미가 있지만, 세상은 항상 이중적인 의미가 있기 때문에 불확실하며, 오직 그리스도를 통해 세상을 보았을 때 비로소 이성은 하나님 인식에 이바지할 수 있으며, 세상은 하나님을 알게 해 주는 기능을 수행한다(성례전적인 기능).

"오직 그리스도"는 오직 그리스도를 통해서만 하나님을 알 수 있다는 그리스도 중심적인 사고의 기반이 된다. 하나님은 그리스도 안에서 인간이 되셨고, 하나님이 원하시는 일을 그에게 행하심으로 세상을 심판하셨고, 세상은 오직 그를 통해서만 하나님의 구원을 경험할 수 있다. 따라서 그리스도를 믿는 자는 오직 그리스도에게서 하나님을 인식하고, 그리스도와의 관계에서 자신과 세상을 이해하며, 오직 그리스도를 통해서만 구원을 기대한다. 하나님은 그리스도에게서 당신의 사랑을 계시하셨다. 이것은 그리스도와 하나님이 그만큼 깊이 연합되어 있다는 신앙 때문에 가능했다. 이런 의미에서 사도 바울은 전통적인 인간 이해에서 사용된 '하나님의 형상' 대신에 '그리스도의 형상(갈 4:19)'이란 표현을 사용하였을 정도였다.

셋째는 하나님이 함께하심을 어떻게 알 수 있느냐는 질문에 대한 대답이다. 곧 인간은 오직 그리스도에게서만 하나님이 함께하심을 경험할 수 있다는 것이다. 그리스도의 십자가 사건은 인간의 이런 경험을 위기로 몰아가지만, 부활을 통해 하나님이 그리스도와 함께 계셨음이 재확인되었다. 따라서 그리스도인은 오직 그리스도에게서 하나님이 함께하심을 경험할 수 있다. 죄를 지어 고통을 겪고 있거나 예기치 않은 일을 만나 힘들 때라도 하나님은 결코 우리를 버리지 않으신다는 사실을 인간은 그리스도의 고난과 죽음 그리고 부활을 통해 알 수 있다.

"오직 그리스도"는 인간의 모든 문제에서 유일한 해결책임을 고백한다. 예컨대 하이델베르크 소요리 문답의 첫 질문 "사나 죽으나 그대의 유일한 위로는 무엇입니까?"에 대한 대답은 이렇다. "사나 죽으나 나의 몸도 영혼도 나의 것이 아니요. 나의 신실하신 구주 예수 그리스도의 것입니다."

넷째, "오직 그리스도"는 예수 그리스도가 하나님과 인간 사이에서 구원의 유일한 중보자이심을 증거한다(딤전 2:5-6). 예수 그리스도가 죄로 인해 죽은 상태에 있는 인간을 구원하시기 위해 스스로 대속물이 되었음을 가리킨다. 제물이 가져오는 효력과 관련해서 거듭 반복할 수밖에 없는 다른 제사와 달리 예수 그리스도는 단번에 이루셨다. 그러므로 죄 용서와 관련해서는 더는 속죄 제물이 필요하지 않고 오직 단번에 드려진 예수 그리스도의 희생으로 이뤄진 구원에 이르는 의를 예수 그리스도를 믿음으로 얻는다.

이상과 같은 의미를 생각해 볼 때, "오직 그리스도"는 먼저는 그리스도인에게만 유효하므로 타 종교인이나 타인에게 배타적인 태도를 낳게 한다고 볼 수 없다. 관건은 그리스도인들이 세상에서 자신들의 신앙을 유효하게 나타내 보이는 것이고, 그들의 신앙과 삶에서 '오직 그리스도'의 모습을 본 사람들이 함께 고백하게 될 때, "오직 그리스도"는 교회의 한계를 넘어 보편적인 의미가 있다.

"오직 그리스도"를 다소 오해하는 것으로 교회 내부에서 오는 견해는 소위 모든 설교에서 그리스도를 말해야 한다고 이해하면서 억지 논리를 펴는 것이다. 심지어 구약을 설교한다 해도 그리스도가 반드시 언급되어야 한다고 주장한다. 그리스도 중심주의와 비슷한 모습을 갖지만, 분명히 다르다. 사실 루터에 따르면, 어떤 본문을 갖고 설교를 하든 모든 설교에서 복음이 선포되어야 하고 또 설교는 그리스도를 선포하는 것이지만, 그렇다고 반드시 억지로 짜 맞추기 식으로 그리스도를 언급하는 건 문제다. 그리스도는 복음적인 설교를 가능하게 하는 이유이며 또한 설교의 목적임을 잊어서는 안 된다. 따라서 비록 교회의 각종 행위에서 그리스도가 구체적으로 언급이 되지 않는다 해도 그리스도는 모든 교회 행위에서 반드시 전제해야만 하고 또한 그리스도의 인격과 사역이 분명하게 드러나도록 해야 한다.

끝으로 종교들을 하나의 산에 올라가는 여러 가지 길로 이해하는 오늘날과 같은 종교 다원적인 사회에서 "오직 그리스도"는 어떤 의미가 있을까? 여전히 기독교 신앙에서 유효한 원리일까, 아니면 더 받아들일 수 없는 걸까? "오직 그리스도"를 가장 잘 표현하고 있는 성경구절은 마가복음 15장 39절, 요한복음 14장 6절, 사도행전 4장 12절 그리고 고린도전서 3장 11절 말씀이다.

> 예수를 향하여 섰던 백부장이 그렇게 숨지심을 보고 이르되 이 사람은 진실로 하나님의 아들이었도다 하더라(막 15:39).
>
> 예수께서 이르시되 내가 곧 길이요 진리요 생명이니 나로 말미암지 않고는 아버지께로 올 자가 없느니라(요 14:6).
>
> 다른 이로써는 구원을 받을 수 없나니 천하 사람 중에 구원을 받을 만한 다른 이름을 우리에게 주신 일이 없음이라 하였더라(행 4:12).
>
> 이 닦아 둔 것 외에 능히 다른 터를 닦아 둘 자가 없으니 이 터는 곧 예수 그리스도라(고전 3:11).

초대교회 당시는 오늘날과 마찬가지로 종교 다원적인 사회였다. 그들은 유대교와 헬라 종교 그리고 로마 시대의 종교를 문화적인 환경으로 두고 지냈다. 이런 다원주의적인 상황에서 그들은 하나님을 믿으면서 동시에 예수를 그리스도요 살아 계신 하나님의 아들이라 고백했다. 그리스도를 하나님으로 믿은 것이다. 그렇다면 종교 다원적인 사회에서 "오직 그리스도"는 어떤 의미로 이해할 수 있을까?

성경에 따르면, 복음의 내용은 예수 그리스도이다. 그리고 바울은 의는 율법이 아니라 그리스도를 믿음으로 얻는 것임을 천명하였다. 예수가 자신에 대해 '하나님의 아들'이라고 증거했던 말이 참이라는 것을 인정하는 것이었다. 특히 사도 바울은 하나님 앞에서 새롭게 되는 일에서 모든 사람이 평등함을 강조하였는데, 이것이 그리스도에 대한 믿음으로 가능하다고 보았다. 누구든지 그리스도를 주로 믿으면 새로운 피조물이 된다고 했다. 하나님은 그리스도 안에서 세상에 오셔서 유대 땅에서 하나님 나라의 일을 완성하셨으며, 그가 승천한 후로는 성령을 통해 우리와 함께 계신다. 하나님은 그리스도를 통해 당신의 얼굴을 세상에 비추시며, 우리가 그리스도의 형상을 닮아가는 것이 잃어버린 하나님의 형상을 나타내는 삶을 사는 것임을 보여 주셨다. 그리스도는 하나님의 아들이요, 주님이시며, 세상의 구원자이시기 때문이다. 이것은 다른 종교를 배타적으로 대하는 데에 목적을 두고 있기보다는 믿는 사람들이 그리스도를 통해 하나님을 더욱 분명하게 신뢰할 수 있는 이유를 밝히는 선언이었다.

이에 비해 마르틴 루터는 당시에 만연해 있는 성인숭배나 문화화된 각종 미신이 횡행하였던 시대에 예수 그리스도가 상대적으로 주변으로 밀려난 것을 염두에 두고 "오직 그리스도"를 강조하면서 예수 그리스도가 교회의 신앙과 문화에서 중심에 있어야 할 것을 주장하였다. 하나님과 세상을 이해하는 일에서 그리스도는 중심이 되어야 했다. 루터 역시 교회 밖의 사람들을 배척하기 위한 목적이 아니었고, 오히려 교회 내 그리스도인들의 신앙이 왜곡되는 것을 방지하고 또 바른 신앙을 회복하기 위해 "오직 그리스도"를 주장했다.

칼뱅과 그의 후예들은 "오직 그리스도"를 예수 그리스도의 중보사역에 초점을 두고 이해하였다. 오직 그리스도만이 우리의 구원을 위한 중보자가 될 수 있다고 주장했고 그리스도의 대속적인 희생에만 구원의 효력을 인정하였다. 이것은 당시 가톨릭교회 신앙과 신학에 대한 비판을 통해 구체적으로 드러났다. 칼뱅은 하나님의 계시와 구원에 있어서 절대주권을 강조하였고, 상대적으로 인간과 인간의 노력을 신뢰하는 것을 거부하였는데, 이것을 "오직 그리스도" 안에 담아서 표현하였다. 다만 성경의 가르침을 따라 예수 그리스도만이 구원을 위한 중보자임을 강조한 것일 뿐, 타 종교를 배척할 의도에서 주장하지는 않았다. 기독교 복음을 왜곡한다고 생각한 가톨릭교회를 비판할 의도가 더욱 크게 작용했다. 그래서 종교개혁은 먼저 기독교 개혁이다.

성경의 관점으로 보나 종교개혁의 시기를 염두에 두고 보나 "오직 그리스도"는 타 종교와의 관계에서 그리스도의 배타성을 주장하기 위한 목적으로 외친 건 아니었다. 오히려 그리스도를 따르는 사람들이 하나님을 더욱 신뢰할 수 있도록 도우려는 목적이었고 또한 교회 내에 신앙으로 혹은 문화로 자리 잡은 비그리스도적인 요소들을 배제하기 위한 것이었다. 이런 점에서 "오직 그리스도"는 첫 번째 계명과 크게 다르지 않다. 왜냐하면 첫 번째 계명은 다른 신들의 존재를 부정하기보다는 출애굽 공동체가 계약을 통해 하나님의 백성이 된 이후에 오직 여호와만을 하나님으로 믿고 섬기라는 요구이기 때문이다. 유일신(Monotheism) 신앙이 아니라 단일신(Monolatrie) 신앙이었다. 그렇다고 해서 타 종교에서도 같은 효력이 있다고 말하는 것은 아니다. 다만 예수 그리스도를 따르는 사람들은 오직 그리스도에게서만 오는 효력을 기대하며 살아야 한다는 말이다.

오히려 배타적인 것은 "오직 그리스도"를 외쳤던 사람들이 아니라 그들을 박해했던 사람들이었다. 그들은 예수 그리스도를 십자가에 못을 박았고, 예수 그리스도만을 믿고 따르는 사람들을 박해했다. 그 결과 "오직 그리스도"는 원래의 의도와는 달리 다른 종교를 배척한다는 오해를 받았다. 물론 십자군 전쟁을 포함해서 시대마다 기독교가 비기독교적인 종교를 배척하고 타 종교인을 박해한 경우가 없지 않았다. 이런 일이 다시는 없어야겠지만, 본질에서 "오직 그리스도"가 타 종교를 배척하는 의미가 있지 않다는 점은 분명히 해두는 것이 좋겠다. "오직 그리스도"는 한편으로는 그리스도를 따르는 사람을 향한 복음이며, 다른 한편으로는 그리스도 이외의 다른 존재를 따르지 않겠다는 고백이다.

한편, 이 두 가지 측면은 "오직 그리스도" 신앙이 현대사회에서도 유효하게 작용하고 있음을 입증한다. 곧 "오직 그리스도"는 오늘날처럼 온갖 학력과 스펙 쌓기에 혈안이 되어 있고 성공과 번영을 좇아 살면서도 여러 이유로 염려와 두려움에서 벗어나지 못하는 현대 그리스도인들에게 오히려 자유를 준다. 세상에서 행복하게 살기 위해 요구되는 것들과 필요로 하는 것들을 결코 온전히 충족시킬 수 없는 현실에서 "오직 그리스도"는 세상에서 어떻게 살아가야 하는지를 몰라 길을 찾는 자들에게 길이 되고, 진리로 이끄는 빛이며, 세상의 염려에서 벗어나 하나님 나라의 생명을 누리며 살 수 있는 이정표와 같은 역할을 한다. 왜냐하면 예수는 생명의 주요(행 3:15) 사망의 권세를 이기신 승리자(롬 6:9)이기 때문이다. 그를 믿는 자는 영생을 얻으며(요 3:16), 그의 만찬에 참여하는 자 역시 영생을 가지며(요 6:54), 또한 궁극적으로 사망에 대해 승리를 얻을 것이다(고전 15:57). "오직 그리스도"는 바로 이것을 확신하는 신앙의 표현이다. 그리고 우리가 종교 다원적인 현실에서 왜 굳이 여호와 하나님을 신뢰하는지를 설명한다. 타 종교에서 어떤 구원의 도를 말한다 해도 나와 내 집은 오직 그리스도만을 따르며 섬기겠다는 신앙고백이 바로 "오직 그리스도"의 의미다.

3
믿음
- 하나님의 뜻이 나를 통해 나타나도록 하라

자연인에서 그리스도인으로의 변화는 예수 그리스도를 믿음으로 시작한다. 믿음으로 우리는 성령에 의해 예수 그리스도와 연합한다. 창조되었을 때 하나님의 형상으로 만들어졌다고 고백했다면, 믿음으로써 우리는 그리스도의 형상을 입는다. 그래서 그리스도를 나타내고 또 따르는 사람, 곧 그리스도인이 된다. 이 일은 하나님이 정하신 때에 일어나는 일이니(요일 3:2), 엄밀히 말하면 하나님이 사람 안에서 시작하신 일의 결과이다. 믿음의 본질은 말로 표현할 수 없고, 다만 성령을 통해 중생하여 그리스도와 연합되는 신비한 과정이며, 다만 하나님의 뜻만이 이 땅에서 성취하도록, 특히 나에게 그리고 나를 통해 이뤄지도록 순종하는 가운데 구체적으로 드러난다. 그래서 믿음은 본질적으로 순종과 불순종의 문제이다. 그리스도와 연합된 몸으로서 성령의 소욕에 따라 순종하면 하나님의 말씀이 현실이 되고, 그리스도와의 연합이 느슨해지거나 혹은 분리가 되어 성령이 아닌 육체의 소욕을 따르게 되면 더는 순종하지 못한다. 행함이 없는 믿음이 되는 것이고, 야고보서 기자는 이것을 죽은 믿음이라고 했다(약 2:26). 후자의 경우가 되면 하나님의 일은 다른 사람을 통해 이뤄진다. 이렇게 보면 믿음 역시 인간의 욕망과 깊은 관련이 있음을 알 수 있다. 하나님의 뜻을 신뢰하느냐 아니면 자신의 신념과 확신을 신뢰하느냐의 차이이기 때문이다. 불순종은 하나님에 대한 지식과 성령의 감동보다 나의 감정과 생각을 더 우선하는 일이다. 불신앙은 인간 욕망의 민낯이다.

기독교의 믿음은 이 점에서 다른 믿음 체계와 구별된다. 일반적으로 볼 때, 믿음은 순종이 아니라 확신과 열심이다. 누가 전하고 또 어떤 방식으로 알려졌든, 확신을 하고 그것을 진리로 인정하며 그것의 실현을 위해 열심히 사는 일, 이것이 흔히 말하는 믿음이다. 소망도 가능하고 인내도 가능하다. 이런 믿음 안에서 사랑도 헌신도 희생도 가능하다.

겉보기에는 기독교의 믿음과 다를 바가 없어 보인다. 그러나 드러나는 것은 여호와 하나님이 아니라 나 자신이며 나의 능력과 나의 신념이다.

그러나 기독교의 믿음에서 주체는 내가 아니라 성령이다. 성령이 우리 안에서 작용하여 예수 그리스도를 믿게 하고 또 그리스도와 신비한 연합이 이뤄지게 한 결과가 믿음이다. 그래서 믿음은 선물이고 은혜이다. 오직 감사함으로 받을 뿐이다. 믿는다 혹은 믿음을 받아들인다 함은 무엇보다 하나님의 사랑을 받아들이는 일이다(요 3:16). 받아들임으로써 예수 그리스도와 연합이 이뤄지고, 믿음 후의 삶은 그리스도의 형상으로서 그리스도의 인격과 사역을 세상 가운데 나타내는 삶이다. 그리고 하나님의 사랑에서 비롯하는 일들이 세상에서 분명해지도록 자신을 내어드린다. 그래서 믿음은 하나님의 사랑에 대한 순종이다. 믿음은 결코 나를 주장하지 않는다. 믿음의 싸움은 힘의 대결이 아니라 영적인 싸움이다. 믿음의 싸움에서 최종적으로 드러나는 것은 내가 아닌 하나님과 그분의 사랑이며 또한 싸움의 대상이 죽는 것이 아니라 사랑과 생명을 얻는 것이다.

기독교인에게 믿음이 중요한 까닭은 그것이 중생을 일으키고 또 구원을 가져다주기 때문이다. 믿음은 하나님의 구원 행위가 자신에게 일어나도록 하며, 믿는 자는 이 일이 나를 통해 확장되도록 한다. 다른 사람들이 나를 매개로 예수 그리스도를 믿게 한다는 말이다. 바디매오가 나사렛 예수가 지나가신다는 소식을 듣고 "다윗의 자손(예수)이여 나를 불쌍히 여기소서!(막 10:46-52)"라고 소리 질러 외쳤을 뿐 아니라 제자들의 제지에도 멈추지 않았듯이, 믿음 있는 자는 하나님의 행위가 자신에게 일어나는 것에 대한 절박함을 절대 감추지 않는다. 창세기 3장이 전해 주는 인간의 타락은 하나님의 은혜와 사랑을 거부하고 자기 생각과 뜻과 바람을 앞세운 데에서 비롯했다. 인간은 그런 존재다. 따라서 하나님의 행위가 자신에게 일어나는 일에 대한 절박함이 믿음에서 가장 기본이다.

그러므로 믿음은 하나님의 다스림을 받는 일이며 또한 그 일이 이뤄지도록 준비시키고 행할 힘이다. 하나님의 일이 자신에게 이뤄지도록 하는 일과 관련해서 믿는 자에게는 능치 못함이 없다. 행하시는 분은 하나님이시기 때문이다. 하나님의 다스림은 믿는 자에게는 영광이지만, 그렇지 않은 자에게는 부담으로 받아들여진다. 때로는 어리석게 보인다. 그러나 믿는 자에게 믿음은 하나님의 약속을 소망할 수 있도록 해준다.

성경은 우리가 믿음을 갖는 것을 매우 중요하게 생각한다. 그 이유는 무엇일까? 믿음으로 성령에 의해 그리스도와 연합이 이뤄지고, 하나님의 풍성함에 참여하게 되고, 하나님의 구원을 경험할 수 있으며, 또 그것을 삶을 통해 인지하고 증거 할 수 있기 때문이다. 히브리서 기자는 믿음으로 모든 세계가 하나님의 말씀으로 지어진 줄을 우리가 안다고 했다(히 11:3). 믿음은 우리가 성공적으로 성취되는 일들이 하나님의 말씀에 따른 것임을 알 수 있게 한다.

우리가 믿음을 갖는 일이 중요한 이유는 하나님은 우리의 믿음을 당신의 뜻이 세상에서 가시화되는 출발점으로 삼기 때문이다(빌 1:6, 2:13). 하나님은 믿는 자에게 복, 곧 하나님의 능력(생명력과 사회적인 능력)을 주시며, 그들을 통해 세상을 다스리신다. 믿음이 있을 때, 세상에 대한 하나님의 통치는 하늘에서와 같이 땅에서도 원활하게 이뤄진다. 이렇게 되면 하나님의 영광은 믿는 자의 영광으로 나타난다. 믿는 자의 수가 많아질수록 그만큼-물론 그렇다고 하나님의 나라가 이뤄지는 것은 아니지만-하나님의 뜻은 더 넓게 퍼진다. 그래서 하나님은 믿는 자 곧 기꺼이 순종하는 자를 찾으신다.

오늘날에도 그리스도에 대한 믿음을 전하는 사람들이 박

해받는 지역이 있지만, 그런 상황이 아님에도 불구하고 오히려 그 믿음 때문에 사람들의 비난을 받는 까닭은 무엇일까? 순종하지 않았기 때문이지만, 본질적인 측면에서 말한다면, 믿음이 순수하지 못하기 때문이다. 불순물이 있다는 말이다. 그리스도에 대한 신앙보다 세상에 더 큰 가치와 의미를 둔다. 그래서 하나님을 믿는다고 말하면서도 실상은 다른 것을 받아들이고 있고 또 그것을 따른다. 하나님의 사랑을 받기보다 세상으로부터 사랑받고 인정받고 영광을 얻기를 더 좋아한다. 전인적인 구원보다는 감각적인 쾌락과 일상의 행복을 더 중시한다. 보통 신앙생활에서는 구별하기 힘들다. 어려움이 닥칠 때 드러난다. 사탄도 이것을 알고 믿는 자들을 힘든 상황으로 몰아감으로써 그들의 믿음을 시험할 기회로 삼는다. 돈 때문에 순종하지 못한다면 돈을 믿고 있고, 명예로 힘들어 한다면 명예를 믿고 있고, 건강으로 힘들어 한다면 건강을 믿고 있고, 권력으로 힘들어 한다면 권력을 믿고 있는 것이다. 사람으로 힘들어 한다면 사람을 믿고 있었던 것이다. 이성과 지식의 문제로 힘들어 한다면 지식과 이성의 힘을 믿고 있었기 때문이다. 욥은 하나님의 사랑을 알았기 때문에 끝까지 그것을 부정하지 않았다. 하나님의 사랑을 받음으로 믿음은 시작되며, 하나님의 사랑을 이웃이 알게 하는 삶으로 믿음은 온전해진다.

사람은 무엇을 믿느냐에 따라 그 인격이 달라진다고 한다. 왜 그럴까? 믿음은 인생의 목적과 관계하고 있고 또 삶의 방식과도 관계하고 있기 때문이다. 예컨대 사람들은 믿는 것을 바라고 믿는 것을 얻기 위해 노력하며 믿는 것을 나타내려고 갖은 수고를 다한다. 그러니 무엇을 믿음의 대상으로 삼고 있느냐에 따라 그 사람이 어떤 사람인지를 알 수 있다. 재력이나 권력 혹은 명예의 위력 혹은 지식의 힘을 믿는 사람이 그것을 얻으려고 수고하고 애쓰는 것은 당연한 일이다. 심지어 소망까지 한다. 따라서 그것의 부재는 고통이다.

기독교인의 믿음은 더 많이 얻으려 하거나 더 높이 오르려 하지 않고 오히려 하나님의 뜻이 나를 통해 나타나도록 순종하는 일로 나타나기에, 만일 내가 그 뜻에 순종한다면, 나는 하나님의 구원을 경험하고, 사람들은 내가 아닌 하나님의 뜻과 속성을 보게 된다. 결과적으로 부족하고 실수가 많은 나의 인격은 감춰지고 오히려 선하시고 거룩하신 하나님이 나타난다. 성령의 결실이 나의 삶에서 맺어진다. 이렇게 되면 갑자기 내가, 나의 인격이 달라져 보인다. 기독교인으로서 훌륭한 인격의 소유자에게 공통적인 점은 하나님의 뜻에 순종하는 삶을 사는 것이다.

그런데 불순물이 섞이면 본인 자신도 헷갈린다. 굳이 지적하지 않아도 본인들이 잘 안다. 순종이 없는 믿음은 영혼이 없는 몸과 같다. 일종의 좀비를 떠올리면 된다. 좀비는 현대 사회가 만들어낸 가공물이다. 실재하지 않지만, 상징적으로 사용되고 있다. 살아있는 듯이 보이지만, 그 안에 정신이 없는 존재를 말한다. 살아있는 듯이 보이지만 실상은 살아있는 자를 힘들게 하고 또 두려움의 대상이 좀비인데, 믿음이 있다고 하면서 행함이 없는 사람은 바로 이와 같다는 말이다. 교회 생활은 하지만 믿음의 순종이 없는 사람은 성도들을 힘들게 하고 때로는 무례함으로 인해 두려움의 대상이 된다. 좀비와 다르지 않다.

어떤 상황에도 자족할 수 있었다는 바울 사도의 말은 그가 오직 예수 그리스도를 통해 나타나신 창조주 하나님만을 믿고 있었다는 고백이기도 하다. 주는 자도 여호와 하나님이니 취하는 자도 여호와 하나님이다. 이것을 믿는다면, 어떤 상황에서도 우리는 감사할 수 있다.

4
오직 믿음으로(sola fide)

"오직 믿음으로"는 종교개혁을 일으키게 한 칭의론(稱義論, Rechtfertigungslehre)의 핵심 원리이다. 이것의 의미는 하나님의 의는 심판하시는 의가 아니라 믿는 자를 구원하시는 의라 함이다.

> 복음에는 하나님의 의가 나타나서 믿음으로 믿음에 이르게 하나니 기록된 바 오직 의인은 믿음으로 말미암아 살리라 함과 같으니라(롬 1:17).

그러므로 인간은 율법을 지킴으로 얻는 의가 아니라 오

직 예수 그리스도를 믿음에 따라 주어지는 하나님의 의를 얻어 영생할 수 있다는 뜻이다.

> 그러므로 사람이 의롭다 하심을 얻는 것은 율법의 행위에 있지 않고 믿음으로 되는 줄 우리가 인정하노라(롬 3:28).

이 구절에는 본래 "오직"이라는 말이 없지만, 루터가 덧붙여 "오직 믿음으로"가 되었다. 가톨릭은 "의화론(義化論)"이라 말하는데, 왜냐하면 예수 그리스도를 믿음으로 죄를 용서받은 후에 의를 행할 수 있는 자가 된다고 보기 때문이다. 믿음 없이 의를 행하므로 구원받는 건 아니지만, 의를 행함은 구원에 이바지한다고 본다.

이에 비해 루터는 인간이 이 땅에 머물러 있는 한 여전히 죄인임을 강조한다. 의는 하나님의 약속으로 예수의 재림과 함께 온전히 드러난다. 그런데도 죄인인 인간이 의롭다 칭함을 받을 수 있는 까닭은 예수 그리스도를 믿음으로 하나님에게 인정받은 그의 의가 그리스도인에게 부어졌기(*justitia imputativa*) 때문이다. 하나님의 약속에 따라서 의인으로 인정받으나 현실에서는 여전히 죄인으로 산다. 루터는 이를 *simul*(동시에) *justus*(의인) *et*(그리고) *peccator*(죄인)라 표현했다. 예수 그리스도를 믿는 사람은 의인이면서 동시에 죄인으로서 이중적인 실존을 산다는 말이다. 구원을 위한 의는 외부로부터 오며(*extra nos*) 또한 그것은 우리의 의가 아니라 예수 그리스도의 의이기 때문에 "낯선 의(*justitia aliena*)"라는 표현을 사용하여 말한다. 사도바울은 이 믿음조차도 하나님의 선물(*donum*)이라고 했는데(엡 2:8), 이로써 죄 용서와 구원은 하나님의 주권에 달린 것임을 분명히 했다.

"오직 믿음으로"는 그 의미에 있어서 "오직 은혜로"와 일부 중첩되면서도 구분된다. 공통점은 인간이 영생 혹은 하나님의 의에 이르는 것은 인간의 노력으로 되는 것이 아니라 오직 하나님에 의해서만 가능하다는 사실을 강조하는 것이다. 구원과 영생에 있어서 하나님의 주권을 인정한다. 차이점이라면 은혜가 우리의 구원을 위한 하나님의 거저 주시는 행위에 초점을 두고 있다면, 믿음은 하나님의 능력으로 된 것을 인간이 현실에서 경험할 수 있도록 하는 일에 초점을 두는 것이다. 다시 말해서 믿음은 하나님의 은혜가 우리 자신에게 혹은 우리의 삶에서 현실이 되게 하는 힘이다. 하나님의 구원은 인간에게 은혜로 주어지는데, 그 은혜가 내 것이 되어 구원받은 성도로서 살 수 있게 하는 데에는 단순한 신앙생활 혹은 종교 행위가 아니라 믿음이 필요하다. 역사적인 예수를 그리스도요 주님이요 하나님의 아들이라 고백하는 건 믿음 때문이다. 그 이상도 그 이하도 아니라는 점에서 오직 믿음으로만 가능하다. 은혜가 때로는 보이지 않고 느껴지지 않지만, 믿음이 있으면 보이고 또 느껴진다. 하나님의 창조와 예수 그리스도의 십자가와 부활 그리고 종말의 구원은 하나님의 은혜이다. 이 은혜가 내게 나타나 영생으로 혹은 하나님의 의로 나타나게 하는 것은 믿음이다. 그러므로 의인은 오직 믿음으로 산다. 왜냐하면 하나님의 은혜는 비록 부재한 듯이 보인다 해도 믿음을 통해서 보면 분명한 현실로 나타나기 때문이다. 은혜로 구원을 받고 믿음으로 구원을 현실로 누리며 혹은 현실로 나타나게 하며 산다. 그래서 그리스도인은 남들이 보는 것만을 보지 않고, 남들이 추구하는 것만을 추구하지 않는다. 은혜에 합당한 삶이 믿음으로 표현되고, 믿음은 하나님의 은혜가 어떠함을 나타내 보인다.

> 믿음은 바라는 것들의 실상이요 보이지 않는 것들의 증거니 … 믿음으로 모든 세계가 하나님의 말씀으로 지어

진 줄을 우리가 아나니 보이는 것은 나타난 것으로 말미암아 된 것이 아니니라(히 11:1, 3).

"오직 믿음으로"는 엄밀히 말해서 유대교와의 관계에서 이해할 필요가 있다. 사도 바울도 당시 지배적인 종교를 겨냥하여 말했기 때문이다. 유대교를 포함한 여러 종교에서는 구원이 인간의 선행과 무관하지 않다고 말한다. 믿음과 함께 선행이 있어야 구원받을 자격을 갖춘다는 것이다. 이것은 프레임 논쟁으로 잘못된 길로 접어들게 하는 덫이다. 믿음과 선행의 구분을 전제하는 주장인데, 이렇게 하면 인간의 구원은 하나님의 은혜만으로 이뤄지지 않고 인간과 협력하여 이뤄진다. 유대교는 모세의 율법을 그 방법으로 삼았다. 하나님의 의를 충족시키기 위해 인간은 율법을 온전히 지켜야만 한다고 믿었다. 율법은 원래 하나님의 백성이 하나님의 은혜 안에 머물기 위한 조건이었지만, 그들은 그것으로 하나님의 의에 이르고 또 하나님의 은혜를 얻는 수단으로 여겼다. 그래서 당시 유대인들은 의로운 자로 인정받아 하나님의 구원을 얻고자 했다. 하나님의 은혜 안에 머물기 위해 율법을 철저히 지키려 노력했고, 지키지 않는 사람들을 서슴지 않고 정죄하였다.

문제는 믿음과 선행은 절대 분리되지 않으며 또한 누구도 율법을 온전히 지킬 수 없는 현실이다. 이것을 지키면 저것을 어기고, 저것을 지키면 이것을 어기는 일이 인간 사회에선 반복될 수밖에 없다. 이렇게 되면, 유대교의 가르침에 따르면, 하나님의 은혜에서 배제되는 일이 발생한다. 따라서 율법을 온전히 지키지 못하기 때문에 하나님의 구원 곧 영생에 대한 갈망을 가진 사람들은 필연적으로 좌절할 수밖에 없다. 이 문제를 어떻게 해결할 수 있을까? 이 질문을 루터의 상황과 연결해서 달리 말해보면 이렇다. 하나님은 이미 세상을 창조하시고 인간을 당신의 형상으로 창조하셨으며, 예수 그리스도를 통해 우리를 당신의 백성으로 삼으시고, 천국에 이르기까지 인도하시는 은혜를 베풀어 주셨다. 이 은혜를 어떻게 내 것으로 삼을 수 있을까? 이것은 루터를 끊임없이 괴롭혀 온 질문과 다르지 않다. "나는 어떻게 하나님의 은혜를 얻을까?"

유대인들과 중세 가톨릭은 의를 얻기 위한 행위를 통해서 혹은 선한 공적을 쌓음으로써 가능해진다고 믿었다. 혹은 일곱 가지 성사(세례, 견진성사, 성만찬, 고해, 결혼, 사제서품, 임종성사)가 그 방법이라고 주장하였다. 그러나 마르틴 루터는 로마서 연구를 통해 하나님의 은혜가 내게 주어지지 않으면 가능하지 않다는 사실을 확인하면서도, "너희는 그 은혜에 의하여 믿음으로 말미암아 구원을 받았으니…(엡 2:8)."라는 바울의 말을 그 은혜가 내게 주어지는 방법이 바로 하나님의 선물로서 믿음이라는 뜻으로 해석하였다. 은혜를 받는 일은 개인적으로는 선행, 교회적으로는 성례, 그리고 문화적으로는 관습을 통해서 일어나는 일이 아니라는 말이다. 선행으로 공적을 쌓고 또 교회가 제정하여 행하는 일곱 가지 성례를 시행한다 해도 또 태어나면서부터 기독교인이 된다 해도 하나님의 은혜는 결코 내 것으로 주어지지 않는다. 하나님의 은혜는 오직 예수 그리스도를 믿음으로써만 내게 능력이 되고 또 현실로 나타난다. 따라서 먼저는 하나님의 은혜임을 믿어야 하며 다음에는 성령이 임하시어 그 은혜가 내게 유효하게 작용하도록 해야 비로소 하나님 나라의 백성으로서 선한 결실을 나타내 보일 수 있다. 이 일은 믿음을 통해 이뤄진다.

여기서 문제가 되는 것이 인간의 자유의지이다. 인간이 믿음을 갖느냐 갖지 않느냐를 결정하는 건 자유의지에 따른 선택과 결정인 것처럼 보이기 때문이다. 정말 그럴까? 아니면 성령의 인도함을 받은 결과일까? 루터는 이런 질문에 대답하면서 인간의 자유의지를 부정하였다. 인간은 타

락함으로써 죄의 노예가 되었다고 보기 때문이다(*De servo arbitrio*). 그러나 적어도 하나님과의 관계에서 인간은 철저히 하나님에게 의존되어 있으며, 인간은 예수 그리스도를 통해 하나님과의 관계에 있을 때 비로소 자유롭다고 한다. 여기서 말하는 자유는 정치 사회적인 의미에서가 아니라 죄에서 해방되어 장차 임할 하나님의 진노를 두려워하지 않는 상태를 말한다. 하나님의 진노에서 벗어났다는 의미에서 자유이다. 이것은 몸의 자유이기보다는 하나님과의 관계에서 일어난 것이라 영적인 자유라 말할 수 있다. 그러나 영혼과 육체는 인격 안에서 결합하여 있으므로 영적인 자유는 몸의 자유로 나타난다. 예수 그리스도의 사역은 몸의 자유를 포함했다.

> 주의 성령이 내게 임하셨으니 이는 가난한 자에게 복음을 전하게 하시려고 내게 기름을 부으시고 나를 보내사 포로 된 자에게 자유를, 눈 먼 자에게 다시 보게 함을 전파하며 눌린 자를 자유롭게 하고 주의 은혜의 해를 전파하게 하려 하심이라(눅 4:18-19).

"오직 믿음으로"는 하나님과 세상의 이질적인 간격을 극복하는 원리이다. "오직 믿음으로"를 통해 기대되는 것은 성령의 역사로 일어난다. 곧 하나님의 은혜는 성령의 역사로 인간에게서 경험 가능한 것이 되고, 또한 인간이 하나님의 은혜 안에 머물게 되는 것 역시 성령의 역사로 일어난다.

종교개혁의 원리를 말하면서 마르틴 루터가 가장 강조했던 것은 예수 그리스도였다. 다른 모든 것은 그리스도를 말하기 위한 것이었을 뿐이다. 루터는 그리스도가 하나님과 인간의 관계에서, 교회에서, 구원의 문제에서, 성경 이해에서 등한시 여겨지는 당시 현실을 개탄하면서 은혜와 믿음을 강조했다. 그리스도는 하나님의 은혜이며, 성경의 중심이고, 또한 인간은 예수 그리스도에 대한 믿음을 통해서만 하나님과 관계를 갖는다.

오해풀기 1

칭의와 하나님 나라

- 죄인이지만 동시에 의인

오직 믿음으로 의롭다 칭함을 얻는다는 "칭의" 문제는 다음의 질문에서 유래한다. "죄인은 어떻게 하나님 나라에 합당한 사람, 곧 의인이 되는가?" 이것은 마르틴 루터의 질문임을 앞서 살펴보았다. 당시 가톨릭교회의 가르침에 따르면, 의인이 되기 위해서는 하나님의 은혜가 필요하나, 하나님의 의에 이르기 위해서는 선행이 필요했다. 결과적으로 의인이 되려면 선행을 해야 했다. 이를 의화론(義化論)이라 한다.

수사로서 수도원에 머물며 지내면서 온갖 노력을 다 기울여 하나님의 의에 합당한 사람이 되길 원했지만 적어도 구원의 확신과 관련해서 루터가 깊은 고뇌에 빠지게 된 이유가 있었다. 아무리 선행을 해도 하나님의 구원 은혜를 받아들이기는커녕 오히려 죄의 결과에 대한 두려움과 죄의식으로부터 결코 벗어날 수 없다는 사실을 깨달았기 때문이었다. 깨달음의 결정적인 계기는 로마서 연구였다. 의인과 하나님의 은혜 관계에 대한 새로운 인식을 얻었는데, 의인이 되기 위해서는 하나님의 긍휼하심이 먼저 작용해야 하며, 죄인은 그것을 오직 믿음으로 받아들일 때 하나님 앞에 설 수 있다는 사실이었다. 이것을 의화론과 구분하여 칭의론이라 한다. 그리고 그가 이른 결론은 인간은 믿음으로 말미암아 의인으로 약속받은 자로서 동시에 이 땅에서 죄인으로 살아갈 수밖에 없다는 것이다(*simul justus et peccator*).

루터의 질문에서 엿볼 수 있는 칭의론의 핵심은 죄인과 하나님 나라의 관계이다. 다시 말해서 죄인은 하나님의 다스림을 받기에 합당하지 않다는 말이다. 이것은 두 가지로 이해된다. 하나는 배타의 원리로 생각할 수 있다. 죄인은 하나님의 다스림에서 배제된다는 선언이다(구원에서 배제). 다른 하나는 죄인은 거룩하신 하나님이 나타나실 때 죽지 않고는 감히 그 앞에 서 있을 수 없으므로 그분 앞에 나아갈 수 없다(자기 멸망의 원리). 결국 죄인은 하나님의 다스림을 감당할 수 없다. 죄인이라고 해서 배제하는 것이 아니라 죄인 스스로 감당하지 못하기 때문에 스스로 피할 수밖에 없다. 이것은 청교도 목회자인 리차드 백스터(Richard Baxter)가 『회심 *A Call to the Unconverted*』이라는 제목의 책에서 말한 내용과 일치한다. 백스터는 회심하지 않은 사람이 멸망하는 까닭은 하나님이 그것을 원하셨기 때문이 아니라, 오히려 하나님의 은혜를 받아들이지 않는 자기 자신에게 있다고 보았다. 결국 스스로 멸망을 선택했다는 말이다.

죄인이 의인이 되는 것, 곧 하나님 앞에 설 수 있게 되는 것은 죄인 스스로에게는 불가능하다. 오직 하나님의 긍휼하심을 입어, 비록 죄인이지만 하나님의 다스림을 받을 수 있는 자로 받아들여질 때 비로소 가능하다. 그렇다면 죄인은 어떻게 하나님의 다스림에 합당한 자가 될 수 있을까? 이것이 바로 루터가 제기한 질문이다. 하나님의 영광을 대하고 살아남은 자가 없듯이, 하나님의 은혜가 아니면 불가능하다. 가능하다면 무엇보다 두 가지 조건이 충족되어야 한다. 하나는 죄인이 완전히 죄를 벗어나야 한다. 다른 하나는 비록 죄인이라도 하나님의 영광을 대하고 살아남을 가능성이 있어야 한다. 첫 번째 것은 불가능하다. 인간이 살아있는 동안 죄에서 벗어나는 것은 불가능하기 때문이다. 인간의 본성상 불가능하다. 그렇다면 하나님의 영광을 대하고도 살아남을 가능성을 찾아야 할 것이다. 예수님은 바로 이 일을 위해 이 땅에 오셨다. 다시 말해서 죄인으로서 하나님의 영광을 대하고도 살아남을 가능성을 현실화시키기 위해 오셨다. 예수님은 하나님과 같으신 분으로 우리 가운데 거하심으로써 그 가능성을 제시하셨다. 곧 우리는 예수 그리스도를 통해서 하나님 앞에 서게 될 때 그의 영광을 대하고도 살아남을 수 있다. 유대교 가르침과 달리 바울은 바로 이것을 두고 그리스도를 믿을 때, 곧 그리스도 안에 있을 때 가능하다고 보았다.

이제 분명해졌다. 죄인이 하나님의 영광을 대하고도 살아남을 가능성, 곧 하나님의 다스림에 합당한 사람이 될 가능성은 오직 그리스도를 믿는 일밖에 없다. 이것은 어떻게 가능할까? 루터와 칼뱅은 믿음으로써 그리스도의 의가 우리 안에 주입되거나 우리에게 덧입혀진다고 보았다(*extra nos*). 인간에게 없는 의가 생기게 되면 하나님 앞에 설 수 있게 된다는 말이다. 외부적인 의의 주입에 대한 생각은 하나님의 의가 어떻게 해서든 우리 안에 있어야 한다는 생각에서 비롯한다. 가톨릭교회가 말하는 것처럼 죄인이 의인으로 변화되어 의를 행할 수 있는 능력이 생기는 일은 일어나지 않는다 해도 하나님의 공의를 만족하게 할만한 의는 있어야 하기에, 낯선 의(*justitia aliena*), 곧 예수 그리스도의 의가 믿음을 통해 죄인에게 주입되거나 덧입혀져야 한다고 말한다.

그러나 낯선 의가 온전히 나의 의가 되는 것은 종말론적인 사건이다. 왜냐하면 인간은 의인을 약속받은 것일 뿐이지 현실에서는 실제로 의인이 되지 않기 때문이다. 현실에서 인간은 여전히 하나님 앞에서 죄인일 수밖에 없고 종말에 가서야 온전히 의인으로 새롭게 창조될 것이다. 여전히 죄인임에도 하나님의 통치를 감당할 수 있는 까닭은 하나님 앞에서 우리를 변호하시며 또 우리의 연약함을 돕는 예수 그리스도의 은혜와 긍휼 때문이다. 하나님의 임재를 경험하면서도 살아 있을 수 있는 이유, 담대히 하나님의 보좌 앞에 나아가 예배할 수 있는 이유, 일상의 삶에서 하나님과 동행하며 살면서 하나님의 생명으로 살아갈 수 있는 이유, 이 모든 것은 그리스도의 긍휼하심에 힘입어 나타나는 하나님의 은혜 때문이다.

그러나 하나님의 통치를 원하는 사람들이 그것을 감당할 수 있는 것은 하나님의 은혜 때문이지만, 모두가 하나님의 통치를 감당할 수 있는 것은 아니다. 힘에 부쳐 포기하거나,

무의미하게 느껴져 스스로 떠나거나, 더 낫다고 생각하는 가치를 선택해 하나님을 버리는 일이 비일비재하고, 그뿐 아니라 적극적으로 하나님의 통치를 반대하는 사람들도 있다. 따라서 하나님 나라는 침노하는 자가 얻는다. 하나님의 통치가 자신의 삶에서 일어나길 간절히 원하고 바라는 가운데 예수 그리스도의 긍휼하심에 힘입어 은혜를 받아들이는 자만이 누릴 수 있는 곳이 하나님 나라, 곧 하나님의 통치이다. 하나님의 은혜 안에서 하나님의 통치에 만족하며 살기를 원하는 것, 이것이 바로 믿음이며, 믿음을 갖고 이것이 자신에게 일어나길 기대하며 사는 자만이 하나님 나라에 합당한 사람이 될 수 있다. 이런 사람이 의롭다 칭하심을 받고 의인의 약속을 받는다.

그동안 하나님의 칭의에 대한 설명은 주로 법정적인 맥락에서 이뤄졌다. 믿음을 바탕으로 죄인을 의롭다 선언하셨기 때문에 의인으로 간주한다고 설명했다. 그러나 하나님 나라와의 관계에서 생각하는 관점을 배제해선 안 된다. 하나님이 의롭다 칭하시는 일(법정적 개념)과 하나님의 통치를 받는 일(관계적 개념)은 불가분의 관계에 있다. 로마서는 일종의 선교문서이다. 이곳에서 언급된 칭의는 이방인의 믿음과 구원이 유대교의 가르침이나 율법과 관련해서 생각될 것이 아니라 오직 예수 그리스도에 대한 믿음을 통해 설명하려는 취지에서 나온 내용이다. 그러니 "오직 믿음으로"는 믿음으로 획득되는 예수 그리스도의 의로 말미암아 의롭다 칭함을 받을 뿐만 아니라 예수 그리스도와의 관계를 통해 하나님과의 관계가 회복되어 하나님의 다스림을 받는다는 사실을 이방인에게 확신시켜 주는 은혜의 복음이다.

오해풀기 2

"믿음으로 구원을 받는다."는 표현에 대해

"믿음으로 구원을 받는다."는 말은 초기 기독교 시기에도 그랬지만 지금도 여전히 논쟁 중이다. 최근의 논점은 특히 성화와 관련해서 가열된다. 그런 사실을 부정하기보다는 그것의 의미에 대한 의견에서 나타나는 차이 때문이다. 데살로니가후서 2장 13절 이외에도 같은 것을 가리키는 내용이 있지만, 다양한 표현으로 나타나고 있다. 예컨대, '믿음으로 하나님의 의에 이른다.'는 표현이다. 표현의 차이와는 상관없이 공통된 내용은 하나님의 구원은 예수 그리스도를 믿는 것과 불가분의 관계를 갖는 것이다. 특히 종교개혁 신앙 전통에 있는 사람들에게 공통적인 신앙이다. 믿음을 이해하는 일에서 차이가 나타나지만, 관건은 예수 그리스도를 구주로 믿는다는 사실에는 이견이 없다. 사실 가톨릭교회도 이점을 부정하진 않는다. 다만 선한 행위의 공로적인 의미를 첨가하고 있는 점에서 개신교와 다르다.

'믿음으로 구원을 받는다.'는 신앙은 이미 기독교 형성 초기 단계부터 논란이 되어 왔다. 특히 유대교와의 관계에서 논쟁은 두드러졌다. 사도들 가운데 특히 바울은 자신의 유대교와 구약 그리고 예수 그리스도에 대한 지식을 총동원해서 이것을 열정적으로 설명하였다. 아마도 그는 성경의 저자 가운데 믿음과 구원의 관계에 대한 기독교 신앙을 가장 상세하게 설명한 사람일 것이다. 따라서 '믿음으로 구원을 받는다.'는 사상은 바울의 신학에서 유래한다고 말할 수 있다.

그런데 '믿음으로 구원을 받는다.'는 말과 가장 근접한 표현으로 고려되는 것은 '믿음으로 의롭다 칭함을 받는다.'는 말이다. 칭의론을 말하는데, 사도 바울이 로마서에서 강조하여 말했고, 루터가 새롭게 주목한 구절이다. 루터는 당시 은혜만이 아니라 선한 행위가 있어야 구원을 받는다는 가톨릭의 의화론 때문에 고민하였다. 인간으로서 세상에 살면서 구원에 이르는 의에 합당한 공적을 쌓을 자신이 없었기 때문이다. 그러는 중에 루터는 로마서 연구를 통해 성도는 어떤 경우든 선한 행위로는 구원에 이를 수 없고, 오직 예수 그리스도에 대한 믿음으로 말미암아 하나님에 의해 의롭다 칭함을 받는다는 사실을 발견하였다. 더욱 정확하게 말하면 믿는 자에게 하나님의 의가 부어진다 혹은 주입된다 했다. 그래서 이것을 두고 의롭다 칭해진다(gerecht gesprochen), 곧 '칭의'라 말한다.

하나님의 칭의 행위와 그것에 대한 신앙, 곧 칭의 신앙을 설명하면서 루터는 가톨릭교회로부터 비난을 받을 수밖에 없었다. 선한 행위가 없이 오직 믿음으로만 구원을 얻는다면 너무 값싼 구원이 될 수밖에 없다는 비난이다. 루터는 이런 경우를 의도하지 않았지만 그런 오해를 피할 수 없었다. 믿음으로만 구원을 받는다면, 선한 행위 없이 아무렇게나 살아도 되는지에 대한 의문이 생겨났고 이와 관련해서 여러 논쟁도 있었다. 당연한 일이고, 이런 오해는 지금까지도 계속되고 있다. 성화와 관련해서 첨예하게 전개되는 논쟁은 대표적인 현상이다. 문제는 무엇일까? 그동안 이 문제를 두고 성경학자들과 조직신학자들을 포함해서 수많은 학자가 논구해왔다.

모든 것을 단순화시켜 말한다면, '믿음으로 구원받는다'

는 말에서 '믿음'은 구원을 위한 수단과 방법으로 이해되고 있다. 예수 그리스도에 대한 믿음을 수단으로 혹은 매개로 해서 구원을 받는다는 말이다. 예수 그리스도를 믿고 불행에서 행복해지는 건 그것이 구원받는 경험이기 때문이다. 억압에서 자유를 얻는 것도 구원이며, 질병이 치유 받는 것도 구원이다. 가난으로 고통받는 상태에서 부를 얻는 것도 구원이며, 힘없는 자가 권력을 얻는 것도 구원이다. 이런 생각을 하면 당연히 행복도 믿음으로 얻고, 부귀와 명예도 믿음으로 얻는다는 생각을 하게 된다. 그러나 믿음을 이렇게 이해하는 데에 문제의 핵심이 있다. 믿음은 결코 수단으로 여겨서는 안 된다. 그것은 하나님의 선물이기 때문이다. 하나님이 주신 것이지만 결코 우리의 소유가 되지 않는다. 우리가 그것을 가지고 무엇인가를 할 수 있는 것이 아니라는 말이다.

그런데 믿음을 구원을 위한 수단으로 이해하는 것은 하나님의 구원에 이르는 방법에 있어서 충분하지 못하다는 비판에 부딪히게 된다. 가톨릭교회가 루터를 비판했을 때의 논리이다. 선한 행위를 염두에 두지 않고 오직 믿음으로만 구원을 받는다면, 너무 값싼 구원이 될 수 있다. 그렇다고 선한 행위가 있어야만 구원을 받는다고 하면, 종교개혁

원리인 "오직 믿음", "오직 은혜", "오직 그리스도", "오직 성경"에서 벗어나고 중세 가톨릭교회의 신앙으로 회귀하는 일이다.

하나님의 선물인 믿음은 결코 구원을 위한 수단이나 방법이 될 수 없다. 그러므로 '믿음으로 구원받는다'는 말은 다르게 이해할 필요가 있다. 예컨대 '예수 그리스도를 믿는 자들을 하나님이 구원하신다'는 의미로 이해하는 것이 바람직하다. 구원하시는 분은 오직 하나님뿐임을 선포하는 표현이다. 달리 말하자면 이렇다. 예수 그리스도를 구주로 믿는 사람에게 하나님은 구원을 약속하셨고, 믿는 사람은 하나님의 뜻과 말씀을 현실로 옮기는 순종으로 부름을 받은 사람이다. 믿는 사람은 부름에 합당한 순종의 삶에서 하나님의 구원을 만나고 또 맛본다. 믿음은 하나님의 뜻을 인지하고, 또 그 뜻에 순종하는 능력이다. 그러니까 예수 그리스도에 대한 믿음은 삶 가운데 나타나는 하나님의 구원을 경험하고 또 그것을 현실로 살아내기 위한 부르심이지, 구원을 얻기 위한 도구나 수단이 아니다. 믿음을 바탕으로 부르심에 합당한 삶, 곧 순종의 삶을 사는 사람이 경험하게 되는 것은 하나님의 구원이다.

이에 비해 믿음이 있다고 하지만, 부르심에 합당한 삶을 살지 않는 사람은, 구원을 경험하지 못한다. 그런 사람이 하나님의 궁극적인 구원에서 배제되는지는 설령 그럴 것이라 짐작할 수 있다 해도, 우리가 결코 판단할 수 없다. 예정을 강조했던 칼뱅도 구원의 여부를 판단할 수 있는 사람은 아무도 없다고 했다. 우리가 아는 것은 삶의 과정에서 나타나는 하나님의 구원을 경험하는 자와 그렇지 않은 자가 있다는 사실 뿐이다. 궁극적인 구원은 오직 하나님의 판단을 통해서만 밝히 나타난다. 그 전까지는 누가 구원을 받을지, 아니면 피조물 전체가 구원받을지, 결코 알 수 없다. 이것을 말하는 것은 인간학적인 한계를 넘어선다. 우리가 아는 것은 오직 예수 그리스도의 말씀에 순종하고 있는지 그렇지 않은지에 관한 것일 뿐이다.

그러므로 '믿음으로 구원을 받는다.'는 말을 이렇게 이해하는 것은 어떨까. '예수 그리스도를 믿음으로 하나님의 뜻에 합당하게 살도록 부르심을 받으며 또 그 부르심에 순종하며 사는 성도들은 살아서 구원을 경험할 것이며 또한 궁극적인 구원을 약속받는다.' 바로 여기서 칭의와 성화는 일치한다.

루터에게서 유래하는 말인 '의인이면서 동시에 죄인(*simul justus et peccator*)'은 바로 이런 실존을 가리킨다. 믿는다고 하지만 부르심에 합당하게 살지 않는 사람들은 살아서 구원을 경험하기가 쉽지 않을 것이지만, 그들의 궁극적인 구원에 대해서는 하나님이 판단하실 일이다. 믿음으로 순종하는 삶을 사는 사람들은 예수 그리스도의 사랑을 실천하는 가운데 그들이 함께 구원을 경험하는 삶을 살 수 있도록 도울 뿐이다.

5

은혜

- 그리스도를 위하여 주어지는 선물

일반적인 의미에서 은혜는 사람들의 소통 관계에서 발생한다. 동등한 관계에서도-어려운 형편과 처지에서 도움을 받게 될 때-사용되지만, 대개는 힘이 강한 자가 약한 자에게 혹은 지위가 높은 자가 낮은 자에게 혹은 부자가 가난한 자에게 아무런 대가 없이 베푸는 행위나 그 행위를 통해 주어진 것을 가리켜 은혜라고 말한다.

기본적인 의미에서 볼 때, 은혜는 받는 사람에게 유익하다고 여겨지거나 혹은 유익한 것을 주는 행위를 말한다. 누군가에게 받은 것이라도 받는 사람이 원하지 않았거나 혹은 별로 관심이 없었다면, 그것을 두고 은혜라 말하지 않는다. 물론 주어졌으나 그 가치를 몰라 은혜로 느끼지 못하고 있다가, 시간이 지난 후에 은혜임을 깨닫게 되는 예도 있다. 부모가 자식에게 베푸는 것이나 스승이 제자에게 베푸는 것 그리고 하나님이 인간에게 베푸는 것들이 대표적이다.

이런 점에서 은혜와 선물은 구분된다. 선물이긴 해도 은혜는 아닐 수 있다. 단지 선물로만 받았다가 나중에 은혜임을 깨닫는 경우가 있다. 결국 은혜는 아무런 대가 없이 오직 주는 자의 호의에 따라 주는 것이며, 무엇보다 받는 자를 기쁘게 하거나 받는 자에게 의미와 가치가 있는 것 혹은 행위를 말한다.

은혜의 특징은 값을 지급하지 않는다는 점이다. 값을 지급한 것에 대해서는 은혜라고 말하지 않는다. 주는 자의 선한 의지에 따라 거저 주어 그것을 기쁨과 감사로 받게 된 것이 은혜이다.

한편, 대가나 값을 지급하지 않아도 은혜는 베푸는 자의 의도와 무관하지 않다. 은혜를 주시는 목적이 있다. 그 목적이 구원, 영생, 기쁨, 회복, 도움과 같이 받는 자에게 있을 수 있다. 때에 따라 그 목적은 주는 자의 의도에 있기도 하다. 은혜를 베풀 때는 어떤 의도가 있기 때문일 수 있다. 이것을 반대급부의 의미로 이해해선 안 된다. 그렇게 되면 은혜로서의 의미가 퇴색되기 때문이다.

만일 은혜에 대한 대가를 요구하지 않으면서 은혜를 주는 목적이 있다고 한다면, 그것은 무엇일까? 앞서 언급한 대로, 은혜는 무엇보다 받는 자를 기쁘게 하거나 그들의 삶에 의미와 가치가 있는 것이다. 그렇다면 은혜를 베푸는 자의 의도는 받는 자가 기쁨을 누리고 삶에 도움이 되고 또 어떤 의미 있는 경험을 할 수 있길 바라는 것이다. 그리고 은혜를 받는 자가 은혜로 알고 그것을 베풀어 주는 자를 인정하는 것이며 또한 은혜를 받은 자가 은혜에 합당한 삶을 사는 것이다. 비록 값을 지급하진 않아도 은혜에 대한 반응을 기대한다.

이런 기본적인 의미를 전제하고 성경 저자들은 은혜를 인간들이 믿음에서 견고해질 수 있도록 인간에게 베풀어 주시는 하나님의 다양한 행위를 지칭하는 데 사용하였다. 무엇보다 조건 없는 하나님의 사랑을 은혜로 이해하였다. 누군가 하나님의 사랑을 경험했다면, 은혜를 받았다고 말한다. 병으로부터 회복되었거나 어려움에서 벗어났거나 환난 가운데 도움을 만났을 때도 은혜를 받았다고 말한다. 이런 의미에서 은혜는 특히 시편에서 자주 볼 수 있다. 그리고 은혜는 하나님의 긍휼과 같은 의미에서 사용되기도 했다. 인간이 하나님의 은혜를 받게 되는 이유는 하나님이 인간을 사랑하시고 또 긍휼히 여기시기 때문이다. 하나님의 사랑과 긍휼은 인간이 은혜를 받는 이유이기도 하면서, 또한 그 자체가 은혜로 이해된다.

은혜에 대한 용례는 사도 바울에게서 두드러진다. 바울에게 있어서 은혜란 간단하게 말해서 예수 그리스도에게서 현실로 나타난, 세상의 구원을 위한 하나님의 사랑을 가리킨다. 이렇게 되면 은혜가 나타났지만, 은혜로 받아들이는 사람이 있는가 하면, 받긴 했어도 은혜임을 알지 못하거나 은혜로 인정하려 하지 않는 일이 발생한다. 하나님을 인정하지 않거나 예수 그리스도를 주로 인정하지 않는 사람들에게 볼 수 있는 현상들이다. 그래서 바울은 예수 그리스도에게서 계시된 하나님의 사랑을 믿음으로 받아들이는 사람과 그렇지 않은 사람을 구분했다. 그리스도를 믿고 그 안에 있는 사람은 하나님의 은혜로 새로운 피조물이 되지만, 그렇지 않은 사람은 여전히 옛사람의 모습으로 살게 된다.

따라서 그리스도인의 과제는 먼저 예수 그리스도에게 나타난 하나님의 사랑이 얼마나 귀한 은혜인지를 깨닫는 일이며, 다음으로는 은혜를 베풀어 주시는 분이 여호와 하나님이심을 아는 것이며, 그리고 이 은혜를 세상 사람들이 알고 또 인정하여 예수 그리스도에 대한 믿음에 이를 수 있도록 애쓰는 일이다. 이것은 개종을 강요하라는 말이 아니라 오히려 그들이 믿음을 가질 수 있도록 그리스도의 사랑을 보여 주며 또 그들이 인간다운 삶을 살 수 있도록 돕는 일을 말한다. 그래서 궁극적으로 믿음에 이를 수 있도록 하는 것, 바로 이것이 하나님의 선교(*Missio Dei*)의 의미에서 복음 전도이며, 세상으로부터 성도로 부름을 받은 이유이다.

결국 하나님께서 은혜를 주시는 목적은 한편으로 성도들이 예수 그리스도를 믿어 그것을 누릴 수 있게 함이고, 다른 한편으로 그 은혜를 공유할 수 있는 삶을 살게 함이다. 바로 이것이 선교적인 영성을 갖고 살게 하는데[2], 때로는 그리스도인에게 고난으로 경험되어 적지 않은 삶의 문제로 여겨진다. 왜냐하면 공유하기 위한 노력은 인간의 이기적인 본성을 거스르는 일이고 또한 공유하는 노력이 오히려 예수 그리스도를 인정하려 하지 않는 사람들의 심기를 자극할 수 있기 때문이다. 성경의 하나님, 곧 여호와 하나님을 인정하기 싫어하는 인간의 본성 때문이다. 이런 본성으로 하나님의 사랑인 은혜를 공유하려는 노력이 오히려 핍박을

---

2 선교적 영성에 대해서는 다음을 참조하라. 최성수, 『대중문화 영성과 기독교 영성』, 글누리, 2010, 195-245.

받는 이유가 된다. 그러므로 사도 바울은 빌립보 교회에 보내는 편지에서 이렇게 말했다.

> 그리스도를 위하여 너희에게 은혜를 주신 것은 다만 그를 믿을 뿐 아니라 또한 그를 위하여 고난도 받게 하려 하심이라 너희에게도 그와 같은 싸움이 있으니 너희가 내 안에서 본 바요 이제도 내 안에서 듣는 바니라(빌 1:29-30).

하나님의 은혜를 말할 때 흔히 범하는 오류는 은혜를 항상 내가 바라는 것이나 내게 유익이 되는 것으로만 이해하는 것이다. 은혜의 일반적인 의미를 품고 신학적인 의미로 이해한 결과다. 바울이 말하고 있지만, 은혜는 나를 위해 주신 것이 아니라 그리스도를 위해 주신 것이다. 나의 영광을 위해 주신 것이 아니며, 나의 유익을 위해 주신 것이 아니라는 말이다. 내가 은혜를 받았다면, 믿음에서 견고해지기 위함이고 또한 그리스도의 영광을 위한 삶을 살기 위함이다. 그러나 우리가 은혜를 나를 위한 것으로만 생각하고, 나의 유익과 영광을 염두에 두고 은혜를 생각한다면, 크게 오해하는 것이다. 잘못된 신앙으로 이어진다. 은혜는 그리스도의 영광을 나타내기 위하여 주어진 것이기 때문에 은혜받은 자들은 고난을 받을 수 있다. 왜냐하면 사람들은 그리스도가 세상 가운데 드러나는 것을 싫어하고 오히려 자신의 영광이 나타나는 것을 원하기 때문이다.

예수 그리스도를 통해 나타난 하나님의 사랑은 우리에게 예수를 그리스도로 믿게 하고 또 그것은 믿는 자에게 말로 다 할 수 없는 은혜이지만, 그렇지 않은 자에겐 오히려 그리스도인을 핍박하는 이유가 된다. 은혜를 공유하려는 노력을 포기한다면, 핍박을 피할 수 있겠지만, 결국 은혜를 주신 목적에 합당하지 않게 되니, 은혜받은 자에게 합당한 삶을 피하는 결과가 된다. 목적에 합당하지 않는 행위는 겉으로는 평온하게 보이고 아무런 문제가 없어 보일지 몰라도 결국엔 무의미한 삶으로 마쳐질 뿐이다. 모든 그리스도인은 하나님의 은혜를 감사함으로 받으며 또 그 은혜를 다른 사람과 공유할 수 있도록 부름을 받은 사람이다. 여기에는 고난과 핍박이 있을 수 있다.

6
오직 은혜로(sola gratia)

마르틴 루터는 칭의론(Rechtfertigungslehre, 오직 믿음으로 의롭게 된다는 가르침)을 설명할 때 '오직 그리스도(*solus Christus*)'와 '오직 믿음으로(*sola fide*)' 그리고 '오직 은혜로(*sola gratia*)'를 사용하였다. '오직 성경으로(*sola scriptura*)'는 칭의 신앙에 대한 정당성이 교회 전통이 아니라 오직 성경에만 근거한다는 사실을 나타내는 표현이다. 이것은 잘못된 복음으로부터 참 복음을 구별하는 핵심으로 작용한다. 다시 말해서 하나님의 은혜와 관련해서 소위 신인협력설(synergism)을 극복하는 원리이다. 인간은 비록 타락하였어도 하나님의 은혜로 보존된 양심으로 구원에 이바지하는 선한 행위를 할 수 있다는 주장인데, 이것은 이미 오래전에 펠라기우스 논쟁[3]에서 모습을 드러낸 바 있는 이론이었다. 펠라기우스주의자들(펠라기우스, 켈레스티우스, 율리아누스)은 구원은 모든 사람에게 주어져 있는 것으로 이것을 받아들일지 아니면 거절할지의 여부는 개인의 자유에 달려 있다고 주장했다. 따라서 불가항력적인 은혜, 곧 하나님의 은혜와 예정에 대해서는 저항할 수 없다는 가르침을 주장한 어거스틴과 마찰할 수밖에 없었다.

마르틴 루터는 인문주의자 에라스무스(Erasmus von Rotterdam)의 자유의지론을 비판하면서 저술한 "노예의지론(*De servo arbitrio*)"을 통해 이런 신인협력설을 반박하였다. 루터는 이 책에서 타락 후의 인간이 자력으로 하나님의 은혜를 선택할 자유를 가졌는지, 아니면 이 선택과 결정은 하나님의 은혜인지를 물었다. 그는 사도 바울의 서신서와 어거스틴의 글을 바탕으로 에라스무스를 반박했는데, 루터는 구원은 오직 하나님의 은혜 작용에 의해서만 가능하다고 보았다. 심지어 그는 하나님의 의지와 관련해서 인간의 자

3 411-418년에는 원죄와 은혜 그리고 자유의지를 두고, 그리고 418-431년에는 세례의 효력, 세례를 받지 않고 죽은 아이들의 구원 문제 등을 두고 벌어진 논쟁이다.

유로운 의지를 부정하였다. 영원한 구원과 저주를 결정하는 분은 오직 하나님의 주권적인 의지라는 것이다.

그러므로 "오직 은혜로"는 기본적으로 인간은 오직 하나님의 은혜에 힘입어 구원 혹은 영생을 얻는다는 확신을 표현한다. 구원 혹은 영생은 인간의 힘으로 결코 얻을 수 없다는 사실을 포함하고 있다. 구원에 관한 한 인간의 무능력을 주장한다. 대표적인 성경구절을 살펴보면 다음과 같다.

> 만일 은혜로 된 것이면 행위로 말미암지 않음이니 그렇지 않으면 은혜가 은혜 되지 못하느니라(롬 11:6)
> 너희는 그 은혜에 의하여 믿음으로 말미암아 구원을 받았으니 이것은 너희에게서 난 것이 아니요 하나님의 선물이라(엡 2:8).
> 그러나 우리는 그들이 우리와 동일하게 주 예수의 은혜로 구원받는 줄을 믿노라 하니라(행 15:11).

"오직 은혜로"는 루터를 오랫동안 괴롭혔던 질문과 매우 밀접하게 연관되어 있다. 곧 루터는 "어떻게 내가 하나님의 은혜를 얻을까?(Wie kriege ich einen gnädigen Gott?)"라는 질문으로 오랫동안 괴로워했는데, 수도사로 지내면서 이 질문에 대한 답을 찾고자 했지만 거듭 좌절할 뿐이었다. 루터의 좌절과 절망감은 에릭 틸(Eric Till) 감독이 만든 영화 "루터"(2003)에서 잘 표현되어 있다. 이 질문에 대한 정확한 답을 찾을 수 없었던 루터는 거의 정신병적인 상태에 이르러 스승인 요한 폰 슈타우피츠(Johann von Staupitz, 1468-1524)을 염려하게 만들 정도였다.

사실 그는 모든 것이 하나님에게 달려 있다는 것을 이미 알고 있었다. 다만 가톨릭교회 전통에 머물러 있으면서 그곳으로부터 헤어 나올 방법을 알지 못했던 것이었다. 자신이 알고 있는 사실에 대한 확실한 신학적인 근거를 발견할 수 없었기 때문이었다. 당시 가톨릭교회는 하나님의 은혜를 얻기 위해 인간이 바쳐야 할 것들을 요구했다. 기도, 선한 행위, 예배, 겸손, 헌금, 순종, 금식, 정직, 계명 지키기, 교회 의무 이행하기, 성지순례 등등. 이것들은 교회 전통으로 굳어져 당시 신앙을 지배하는 힘으로 작용하고 있었다.

오랜 시간 번민 끝에 그가 마침내 답을 찾은 건 성경 연구를 통해서였다. 곧 하나님의 복음, 은혜와 믿음에 대한 복음을 발견하였다. 이런 발견과 더불어 그의 질문이 바뀌었는데, '어떻게 내가 하나님의 은혜를 얻을까?'에서 '하나님은 어떻게 나의 마음을 얻으시는가?(Wie gewinnt Gott mein Herz?)'란 질문으로 바뀌었다. 질문에 대한 대답으로 성경 연구에서 발견한 것을 루터는 "오직 은혜로(allein aus der Gnade, *sola gratia*)"라고 표현했다. 하나님은 예수 그리스도의 희생으로 죄인인 인간과 화목하시고, 그 결과 죄인을 오직 하나님의 은혜로 받아주셨다는 것이다.

그밖에 "오직 은혜로"를 말하게 된 직접적인 계기는 또한 가톨릭교회의 면죄부(Ablassbrief) 판매이기도 했다. 면죄부는 인간은 행위에 따라 심판을 받는다는 말씀이 왜곡되어 나타난 결과였다. 곧 가톨릭교회는 베드로 성당 건축에 필요한 비용을 위한 기금을 면죄부란 이름으로 판매하였는데, 이때 사용된 논리가 장차 심판을 받게 될 행위는 선한 공적에 따라 대체될 수 있다는 생각이었다. 루터는 이것이 기본적으로 잘못된 신학에서 비롯한 왜곡이라 생각했다. 그래서 종교개혁의 본격적인 시작을 알린 95개 조 반박문은 면죄부와 그와 관계된 교회 전통들의 신학적인 오류를 지적하는 내용이었다.

"오직 은혜로"는 무엇보다 구원에서는 인간의 공로가 개입하지 않는다는 주장이며, 또한 구원의 주체는 오직 하나님임을 선언하는 것이다. 그러므로 "오직 은혜로"는 인간의 숙명 및 인간의 구원에 대한 최고의 권한을 오직 하나님께만 부여하는 신앙고백이다. 왜냐하면 오직 하나님께만 삶과 죽음, 구원과 멸망을 결정하는 권한을 인정하는 것이기 때문이다.

"오직 은혜로"는 하나님이 어떻게 인간의 마음을 얻는지는 자세히 말하지 않는다. 그것은 "오직 은혜로"와 더불어 종교개혁의 또 다른 주요 원리로 알려진 "오직 믿음으로(*sola fide*)"를 통해 설명되었다. 다시 말해서 인간이 하나님이 값없이 주시는 은혜를 받아 구원을 얻는데, 이것이 인간에게 직접 주어지는 것은 오직 예수 그리스도의 십자가에서의 죽음과 부활을 통해 이뤄졌고, 이 은혜는 예수 그리스도를 믿음으로 내게 주어진다. 인간은 믿음으로써 이미 앞서 주어진 구원의 은혜를 자신의 것으로 받아들인다.

"오직 은혜로" 신앙은 인간을 겸손하게 한다. 인간의 존재와 생사화복이 다 하나님의 은혜에 따른 것이고, 구원 역시 오직 하나님의 은혜로 얻는 것이기 때문에, 결코 자신의 공로와 신분과 능력을 자랑하지 않게 하며 또한 모든 것을 하나님의 은혜로 얻었다고 고백하게 함으로써 자기에게 있는 모든 것을 자신의 것이라 내세우지 않고 다른 사람과 나누며 살 수 있게 한다. 거저 받았으니 거저 줄 수 있다.

한편, 오늘날 "오직 은혜로"가 교회에서 오해되고 있

는 부분들이 있다. 가장 흔한 것은 본회퍼(Dietrich Bonhoeffer, 1906-1945)가 지적했듯이, '값싼 은혜'로 전락한 것이다. '값싼 은혜'란 하나님의 은혜가 인간의 잘못된 이해와 행위를 통해 참 가치와 의미를 상실한 상태를 가리킨다. 본회퍼가 말하는 값싼 은혜란 그리스도를 통해 나타난 하나님의 사랑의 가치를 제대로 인지하지 못할 뿐만 아니라 사회에 대한 교회의 공적인 책임을 간과한 채, 그저 그 은혜에만 편승하려는 이기적이고 자기중심적인 태도를 가리킨다. 아무런 희생이나 헌신이 없이 살아도 된다고 생각한다. 비록 은혜에 대한 대가가 요구되지 않는다 해도, 은혜는 우리가 누릴 것이 아니라 오히려 우리가 참 그리스도인으로서 살 수 있도록 하는 동기이며 힘이다. 분명한 목적이 있는 하나님의 행위이다. 그리스도인들이 하나님을 인정하고 또 하나님의 부르심에 합당한 삶을 살 수 있도록 하는 하나님의 능력이기도 하다. 그런데 이것을 인정하지도 않고 또 부르심에 합당한 삶을 살려 하지 않은 채, 그저 은혜가 주는 유익에만 머무르려 하는 사람들이 있다. 그들은 잘못된 삶으로 은혜의 가치를 추락시키는 주범이다. 예수 그리스도의 생명을 내주시기까지 세상을 향해 베푸신 은혜를 싸구려 물건으로 전락시킬 뿐이다.

곧 창세전에 그리스도 안에서 우리를 택하사 우리로 사랑 안에서 그 앞에 거룩하고 흠이 없게 하시려고 그 기뻐신 뜻대로 우리를 예정하사 예수 그리스도로 말미암아 자기의 아들들이 되게 하셨으니 이는 그가 사랑하시는 자 안에서 우리에게 거저 주시는 바 그의 은혜의 영광을 찬송하게 하려는 것이라(엡 1:4-6).

특히 성과를 중시하는 현대사회에서 "오직 은혜로"는 시대에 뒤진 말로 여겨진다. 일찍이 철학자 니체(Friedrich Wilhelm Nietsche, 1844-1900)는 기독교의 연약함을 바로 타력에 의존하는 신앙에서 보았다. 인간이 자신의 무한한 잠재력과 능력을 의지하지 않고 타력에 의존하는 것은 인간을 약자로 만드는 이유가 된다는 것이다. 성과를 중시하고 성과에 따라 평가하는 사람들은 괴테(Johann Wolfgang von Goethe, 1749-1832)의 작품 『파우스트』에 등장하는 파우스트 박사에게서 볼 수 있듯이, 끊임없는 탐구의 노력만이 인간을 구원해 줄 수 있다고 본다. 그러나 철학자 한병철이 『피로사회』에서 지적하고 있듯이, 과잉긍정으로 넘쳐나는 현대의 성과사회는 "피로사회"로 변질되어 병리적인 현상으로 가득한 사회가 될 수밖에 없다.

“오직 은혜로”가 현대의 경쟁사회에 주는 특별한 의미는 지식과 스펙, 출신과 인맥이 삶의 의미를 결정하는 건 아니라는 것이다. 특히 그리스도인의 삶의 목적이 영생과 구원에 있으며, 이것은 오직 은혜로만 얻어진다는 것을 믿는다면, 인생의 의미는 무엇을 행하느냐에 좌우되지 않으며, 또 어떤 지위에 오르고 세상에서 얼마나 많은 부와 권력을 소유하느냐에 달려 있지 않다는 것을 인정할 수밖에 없다. “오직 은혜로”는 바로 이런 현실 앞에서 눈을 감고 오직 하나님의 현실만을 바라게 만든다. 따라서 주어진 환경에서 할 수 있는 최선을 다할 뿐이며, 그 결과는 오직 하나님께 맡기면서 피로로 탈진하는 것이 아니라 오히려 평안을 누리는 삶을 살 수 있다. 시편 23편의 기자가 “주께서 원수 앞에서 상을 베푸신다.”고 고백했던 것처럼 모두가 자신을 나타내기 위해 노력하다 탈진하는 시대에도 “오직 은혜로” 신앙에 의존하는 사람은 한편으로는 하나님이 주시는 평안과 안식을 누릴 수 있으며, 다른 한편으로는 독수리가 하늘로 올라가는 것같이 힘차게 비상할 힘을 얻는다.

“오직 은혜로”는 은혜를 주신 목적에 합당하게 살 때 큰 능력으로 작용하고, 또한 성과지향적이고 인정욕구로 가득한 사회에서 건강한 인격으로 살 힘을 공급한다.

오해풀기 3

"은혜로"의 허구와 실제

교회 생활에서 목회나 행정 혹은 성도 간의 문제가 일어날 때마다 가장 직접 부딪히는 단어가 "은혜로 하자."는 말이다. 일단 그 자세한 의미를 생각해 보기 이전에 좋은 의도로 사용된 말이고 실제로 좋은 결과로 이어질 때가 많다. 교회 생활 중에 불가피하게 부딪힐 수밖에 없는 문제에서 지나치게 시시비비를 가리다 보면 서로의 감정이 상하게 되고, 결국 누군가가 옳다고 판명이 난다 해도 교회 공동체로서는 득보다는 실이 더 커진다는 염려에서 "은혜로 하자."는 말이 종종 사용된다.

물론 이 말은 종교개혁의 원리인 "오직 은혜로"를 패러

디한 것은 분명해 보인다. 그러나 사도 바울이 고린도 교회의 분쟁을 염두에 두고 쓴 말의 변형으로 받아들이는 것이 더욱 바람직해 보인다. 바울은 모든 은사가 교회의 덕을 세우기 위해 사용되어야 한다고 말했기 때문이다. 바울의 말을 신학적으로 이해한다면, '성령의 감동에 따라', '하나님이 원하시는 대로', '하나님이 참 하나님으로 나타나실 수 있도록', '복음(의 정신)에 따라', '복음 사역에 도움이 되는 방식으로', '하나님의 영광을 위하여', '이웃 사랑을 실천하는 마음으로'라는 의미가 있다. 한편으로는 하나님의 뜻이 하늘에서 이미 이뤄진 것 같이 땅에서도 이뤄지길 바라는 마음의 표현이며 실천의 의지이고, 다른 한편으로는 하나님 나라의 원리가 땅에 적용되는 방식이다.

그런데 교회에서 관용어처럼 사용되고 있는 '은혜로' 일을 처리하자는 말은 종종 법이나 규칙 혹은 원칙을 지나치게 주장하지 말자는 의미가 있다. 그래서 갈등상황에서 아무리 옳은 의견과 생각이라 해도 교회의 덕을 위해 혹은 은혜로 하자 말하고 또 성도들이 이 말에 동의한다면, 의견을 철회해야 할 때가 있다. 이의를 제기하는 것은 은혜에 따른 행위가 아니라고 판단 받을 뿐 아니라 신앙이 없다는 판단으로 이어질 것을 두려워하기 때문이다. "오직 은혜로"

는 비록 종교개혁의 원리지만, 오늘날에도 여전히 유효한 것으로 하나님 앞에서 살아가는 모든 그리스도인의 신앙의 원리다. 비록 의미에서 차이가 있다 해도 교회는 그다지 신경을 쓰지 않는다. 오히려 '은혜로'를 '오직 은혜로'로 오해하면서도 이것을 부정하면 신앙이 없는 자로 낙인찍힌다.

결과는 무엇일까? 다시 말해 교회에서 '은혜로' 하자고 할 때 결과적으로 누구의 의견이 관철되는지를 보자는 말이다. 그 일을 통해 하나님의 영광이 나타났을까? 결정 혹은 행위가 복음의 정신에 합당한가? 복음 사역에 이바지를 하고 있나? 이웃 사랑이 실천되었는가? 그렇기도 하지만 그렇지 않기도 하다. 단순히 의견의 차이에 불과한 것이었다면, 큰 문제는 아니다. 그러나 옳지 않은 것과 옳음이 서로 마찰하는 부분에서는 달리 생각해 보아야 한다.

엄밀히 말해, 시시비비를 가리며 살지 말자고 해도 일의 진행 과정에서 적어도 누군가의 결정이 존중될 수밖에 없다. 여기서 슬그머니 등장하는 것이 권위와 무례함이다. 결정은 권위나 무례함으로 행사된다. 따라서 결과적으로 은혜로 하자는 말은 권위에 복종하자는 말로 귀결된다. 무례함을 피하자 혹은 무례함이 발생하지 않도록 하자는 말이다. 갈등을 피하자는 말이다. 이것이 원래는 교회 생활에서 하나님의 주권을 인정하자는 말이지만, 현실에서는 전혀 다르게 쓰인다. 제도적으로 권위가 부여되었거나 아니면 무리하게 권위를 주장하는 사람에게 결정권이 돌아간다. 담임 목회자 아니면 힘 있는 장로 아니면 대체로 앞뒤 안 가리고 제 목소리를 드러내는 사람의 의견이 관철된다. 특히 한국 교회에서는 의견의 차이를 신앙 혹은 세계관의 차이로 착각하는 경향이 강하기 때문에 차이에도 불구하고 연합과 연대가 가능할 수 있음을 기대조차 하지 않는다. 그래서 의견의 차이로 갈등이 일어나면-그동안 한국 교회사에서 수도 없이 보아왔지만-편 가르기로 교회가 분열될 것을 염려할 정도가 된다. 이러니 분열을 막기 위해 부조리를 참고 사는 것이다. 교회에 다양성이 들어설 자리가 사라지는 일이기도 하나 교회의 본질에 비추어 볼 때 참으로 아이러니한 결과이다. 진리 혹은 진실이 지배적이어야 할 교회가 '은혜로' 결정하다 보면 오히려 부조리가 판치게 되고 편협하고 다양성이라고는 찾아볼 수 없는 천편일률적인 모습으로 가득하게 되기 때문이다. 이럴 땐 대개 지는 것으로 보여도 사실은 지는 것이 아니라며 스스로 위로를 하거나 혹은 타인으로부터 위로를 받으며 인내하는 것을 미덕으로 알고 살아간다. 참 평화가 아니라 거짓 평화로 만족하는 것이다.

그런데 여기서 좀 따져볼 필요가 있다. 사실 교회에서 흔히 사용되는 '은혜로' 라는 말에는 법대로 하지 않는다, 예외적인 상태이니 상식에서 벗어나는 특별한 방식이 요구된다는 의미를 담고 있다. 원래의 의미와는 다르게 사용된 것이다. 그렇다고 해서 교회가 무질서를 관용하면 안 된다. 따라서 질서유지를 위해 누군가의 결정이 우선되거나 혹 그럴 만한 정황이 없다면 누군가는 무리하게 권위를 내세우게 된다. 그렇다면 모두가 은혜에 포함되는 그런 결정을 내릴까? 그렇지 않다. 대부분은 성경의 방식을 기대하지만, 현실은 그렇지 않다. 다양한 힘들이 서로 작용하는 곳에서는 때로는 상충하고 때로는 상승효과가 나타난다. 교회직분, 사회적 직함, 헌금과 헌신의 정도, 인맥 등. 힘의 역학관계에서 성경은 그저 모양새를 꾸미는 데에 사용될 뿐, 실제로 현실을 규정하는 힘은 인간의 고집스러운 욕망에서 나온다. 그러므로 교회가 은혜로 할 때 그 은혜의 혜택에 포함되는 사람이 있는가 하면 배제되는 사람이 생기게 된다. 배제되는 사람은 교회 생활에 있어서 소극적인 상태로 바뀌거나 심하면 교회를 떠나야만 한다. 소위 교회의 덕을 위해서이다. 다양성을 허락하지 않는 교회에서 살아갈 가능성을 발견하지 못하기 때문에 다른 교회를 찾아 나선다. 교회는 이런 식으로 수많은 진실을 배제해왔고, 불의에 관용해왔다. 오늘 한국 교회의 현실이기도 하다. 교회의 부정과 불의와 부패는 세상의 그것과 절대 다르지 않다. 일정한 힘의 균형이 이뤄지는 패러다임에서는 교회의 행위로 인해 선하게 여겨지지만, 일단 그 힘의 균형에 균열이 생기면 불의한 모습이 금방 드러난다.

원래의 의미에서 벗어나 흔히 사용되는 '은혜로'는 문제를 예외상태로 혹은 비합리적으로 혹은 비상식적으로 끌고 가서 보자는 말인데, 왜 문제를 예외상태로 끌고 가려고만 하는가? 좋은 의도로 교회가 세상의 원리 혹은 합리성이 지배하는 곳이기를 피하고 하나님의 법이 효력을 발휘하는 곳이기를 원하기 위해서라면 무척 환영할 일이다. 그러나 이것이 합리성을 피하거나 혹은 불편한 상태를 극복하지 않고 단지 회피하고 단지 자신의 욕망을 채우려는 의도에서 비롯한 것이라면 교묘한 이념일 것이며, 만일 부지중에 하는 말이라면 혹시 문제 해결 능력의 부재는 아닌지 의심스럽다. 문제 해결은 먼저 은혜를 내세워야 할 때와 원칙대로 해야 할 때를 잘 분별하는 것에 있는 것 같다.

7
성경

구약과 신약

'성경(The Bible)'은 '책'을 의미하는 그리스어 비블리아(biblia)에서 유래하며, 그 앞에 정관사가 붙는 이유는 책 중의 책으로 여겨지기 때문이다. 우리나라 말 표기의 '성경(聖經)'은 'ta biblia ta hagia(The Holy Bible)'을 번역한 말이다. 그러니까 '성경'은 정경(canon)으로 채택된 여러 문서가 한 권의 책으로 묶여 출판된 책에 붙여진 이름이다. 한국어 번역에서는 '성경'과 '성서(聖書)'란 말이 사용되고 있다. 인간이 기록한 책이라는 의미에서 '성서'를 사용하기도 하나, 그것의 권위와 진리성을 강조하는 의미에서 '성경'을 선호하는 사람들도 있다. 전자는 비판적인 연구를 선호하는 사람들에게서, 후자는 자신을 성경에 대한 신앙이 남다르다고 생각하는 보수적인 태도를 취하는 사람들에게서 들을 수 있다.

그러나 엄밀히 말해서 어떻게 불리는지는 중요하지 않다. 관건은 정경으로 채택된 책들이 하나님의 언약(계약, Testament)으로 이해되었다는 것이다. 다시 말해서 정경으로 채택된 두 권의 책을 한 권으로 묶으면서 유대교 정경인 타나크(Tanach=토라+네비임+케투빔의 첫 자를 따서 만듦)를 '구약'으로 그리고 기독교 정경을 '신약'으로 부른 이유는 각 책이 하나님의 옛 언약(출 24:8)과 새 언약(눅 22:20)을 담고 있다고 생각했기 때문이다. 내용으로는 그리스도를 중심으로 예수 그리스도의 출생 이전과 예수 그리스도의 생애 그리고 그 이후에 일어난 일들에 대한 기록이다. 양자의 관계는 '구약과 신약' 이외에도 흔히 '예언과 성취' 그리고 '율법과 복음' 등으로 특징지어졌다. 이것은 다만 특징적인 면을 강조한 분류다. 이것을 무시하고 구약을 예언이나 율법의 대명사로, 신약을 성취나 복음의 대명사로 보는 것은 잘못이다. 구약에 성취와 복음이 있고, 신약에도 예언과 율법이 없지 않기 때문이다.

구약은 히브리어와 아람어로, 신약은 헬라어로 A.D. 50-100년 사이에 기록되었다. 여러 번역본이 있는데, 그중에 한국어 성경과 관련이 있는 것만을 살펴보면, 구약을 고대 그리스어로 번역해 소위 '70인 경' 혹은 '알렉산드리아 정경'으로 불리는 셉투아긴타(*Septuaginta*)를 들 수 있다.[4] 셉투아긴타에는 외경이 들어 있다. 오늘날 가톨릭교회가 사용하는 "공동번역"은 셉투아긴타를 본문으로 삼았다. 개신교에선 참고로 사용할 뿐 예배에서는 사용하지 않는다. 셉투아긴타는 성경과 순서에 있어서 다르고 또 외경을 포함하고 있다. 개신교에서 사용하는 성경은 히브리어 맛소라 본문(구약)과 헬라어 본문(신약)에서 번역된 것으로, 여러 번역 과정을 거쳐 오늘날엔 1998년에 발표한 '개역개정판'을 사

4 전설에 따르면, 70인이 번역에 참여했음에도 불구하고 모두 같이 번역되었다고 한다. 히브리인들은 성경을 다른 언어로 번역할 생각을 하지 않을 정도로 성경 문자를 거룩하게 생각했다. 그런데 헬라어로 번역하게 된 이유는 무엇이었을까? 그 유래에 대해서는 여러 설명이 있다. B.C. 3세기경에 시대의 흐름에 따라 당시 세계 언어였던 헬라어로 번역할 필요성을 느낀 랍비들이 알렉산드리아에 모여 번역하였다. 70인 경은 히브리어로 된 본문을 다른 언어로 번역한 최초의 역본으로서, 이후 모든 성경 번역의 기초가 되었다. 초대교회 학자들 및 교부들의 성경 인용에 사용되었고, 무엇보다도 예수님과 사도들이 사용했을 것으로 추정될 정도로 의미와 가치가 있는 구약성경이다.

용한다. 이것은 현재 대부분의 개신교 교단에서 사용되고 있다.

“정경”은 그리스어 카논(κανων)을 번역한 말이다. 이 말이 성경과 관련해서 사용될 때의 뜻은 ‘규범’ 혹은 ‘표준’이다. 다시 말해서 기독교 문서들을 정경이라 명명한 이유는 교회가 그것들을 신앙과 삶의 유일하고 궁극적인 규범으로 받아들였기 때문이다. 또한 기독교 문서들을 정경으로 받아들인 이유는 그것들이 하나님의 유일하고 권위 있는 계시임을 교회가 인정했기 때문이다. 따라서 정경은 성령의 영감을 받아 기록한 책이라는 의미를 가지며, 하나님을 계시하는 책으로서 하나님의 계시로 고백 된다. 그리고 그리스도인의 삶과 생각에 있어서 규범으로 삼을 것을 교회가 결정하였다. 이런 점에서 성경은 하나님의 계시이며 또한 계시를 담고 있는 정경으로 고백 될 뿐 그것의 진리성을 입증할 수는 없다는 점에서 다른 어떤 양서와 다르다.

유대교가 A.D. 90년에 개신교에 앞서 모세오경을 포함한 시편과 예언서들을 정경으로 채택한 배경과 관련해서 다수는 당시 예수를 따르는 사람들을 위해 집필된 책이 많이 나오는 것에 자극을 받아 논의한 결과로 본다. 곧 그 결과로 39권으로 된 ‘타나크’는 얌니아 회의(A.D. 90년)에서 정경으로 채택되었다. 당시 기독교는 완성된 형태의 정경을 갖고 있지 않았고 다만 교회에서 필사하여 읽었던 파피루스 형태의 문서들이 있었다. 기독교는 카르타고 공의회(397년)에서 유대교 경전 39권을 '구약'이라는 이름으로 받아들였고 또 이때 27권의 기독교 문서들도 '신약'이란 이름으로 채택하였다.

정경 논의를 위한 결정적인 계기는 이단으로 정죄된 마르시온(Marcion) 정경의 등장이었다. 마르시온은 본도에 거주하는 부유한 선박 주인의 아들로 태어났다. 출신지를 떠나 로마로 가서는 영지주의의 영향을 받아 활동하였는데, 그곳에서 많은 추종자를 얻었다. 그는 이원론적인 사고를 하고 있었다. 세상이 선과 악으로 구성되었으며, 이에 따라 구약의 하나님과 예수 그리스도의 하나님을 구분하였고, 구약의 하나님을 이스라엘의 하나님, 데미우르그(Demiurge, 플라톤이 말한 물질세계의 조화신), 창조자 등으로 부르며 배제했고, 예수 그리스도의 하나님만을 예수 그리스도의 아버지로서 선한 하나님으로 여겼다. 그리하여 아직 신약이 형성되지 않은 시기에 소위 '마르시온 정경(Marcion Canon)'을 편집하여 사용하였다. 여기에 구약은 포함되지 않았고, 오히려 구약적인 성격의 내용을 담은 복음서와 서신서들을 모두 배제하였다. 오직 누가복음과 사도 바울의 13개 서신서 중에 목회서신인 디모데전후서, 디도서를 제외한 10개만을 수록하였는데, 그것도 온전한 형태가 아니라 자신의 입맛에 맞게 편집하여 사용하였다.

마르시온 정경이 광범위하게 퍼져가자, 평소에 어느 정도 규범이 되는 문서들의 범위를 생각하고 있었던 교회는 적절하게 반응할 필요성을 강하게 느꼈고, 이에 따라 144년에 그를 파문하면서 정경 논의를 시작하였다. 초대교회 신학 사상을 정립하였다고 평가받는 교부 이레네우스(Irenaeus, 135-202)는 교회에서 회람하던 문서들을 성격에 따라 셋으로 분류했다. 정경으로 인정할 수 있다고 확신한 책으로 복음서와 13권의 바울서신 그리고 요한 1서와 베드로 전서를 꼽았다. 그리고 아직 확신하지 못하고 의심의 단계에 놓은 책들은 히브리서, 야고보서, 베드로후서, 요한이삼서, 유다서 그리고 계시록이다. 그리고 확실하게 의심할 수 있는 책으로는 바나바 서신, 헤르마스 목자서, 열두 사도의 글로 알려진 디다케, 솔로몬 지혜서 등이다. 이레니우스의 분류를 바탕으로 알렉산드리아 주교 아타나시우스(Athanasius, 293?-373)는 367년 부활절에 27권만을 정경으로 받아들여야 한다고 주장하였다. 이것은 오늘날의 신약의 목록들과 일치하는 것이었다. 이런 과정을 거쳐 마침내 397년 카르타고 회의에서 27권의 정경 목록을 확정하였다. 이와 더불어 유대교 정경인 타나크도 하나님의 말씀으로 인정하였다.

물론 동방정교회 일각에서는 정경 목록을 부분적으로 거부하고 또 일부는 요한계시록에 대해 강한 의심을 해 공식적인 예배에서 낭독하지 않지만, 그 외 대부분 지역의 기독교는 타나크를 구약으로 부르고 이와 같은 맥락에서 새로 확정된 27권을 신약으로 부르면서 구약과 신약을 기독교 정경으로 받아들였다. 이 구약과 신약을 합쳐서 오늘날 기독교는 "성경"으로 부른다.

정경 기준

당시 교회에서 회람되던 여러 문서를 정경으로 채택하는 과정에서 어떤 기준들이 작용했을까? 이 기준은 신학적인 판단에서 신앙의 규칙(*regula fidei*)으로 작용하기 때문에 매우 중요하다. 가장 우선적인 기준은 예수 그리스도이다. 정경 논의가 기독론에 기초하여 이뤄졌고, 기독론적인 기준을 중시했다는 말인데, 심지어 신약이 정경인 이유가 예수 그리스도가 정경이기 때문이라고 말할 정도다. 다시 말해서 당시 기독교인은 삶과 신앙에서 예수 그리스도와 그의 말씀과 행위를 규범과 표준으로 삼았고, 예수 그리스도에게서, 그를 통해, 그리고 그 안에서 하나님이 계시하셨다고 믿었다. 그러므로 예수 그리스도의 말씀을 담고 있고 또 그의 인격과 사역에 대한 증거가 정경을 결정하는 중요한 기준으로 작용했다. 독일 신학자 마르틴 켈러(Martin Kähler)는 이렇게 말했다.

> "우리는 신약성경이 예수 그리스도를 증거하므로 신약성경을 믿는다. 우리는 성경이 예수 그리스도를 증거하므로 예수 그리스도를 믿는 것이 아니다."

이것은 예수 그리스도가 성경을 정경으로 만드는 것이지, 성경이 예수 그리스도에 대한 신앙을 만드는 것이 아님을 말한 것이다. 구약을 정경으로 채택한 이유도 그것이 예수 그리스도를 예언하고 있다고 여겼기 때문이다. 오늘날 그리스도를 믿는 이유는 사실 성경에 기록되어 있기 때문이지만, 정경 논의와 관련해서 볼 때는 예수 그리스도의 인격과 사역, 그리고 그에 대한 증거들이 단순히 문서로 회람되던 것들을 정경으로 승격시키는 중요한 이유였다.

두 번째 기준은 사도성이다. 수많은 제자와 달리 사도들은 12명으로 제한되는데, 12라는 숫자가 갖는 상징적인 의미 때문에 가룟 유다가 죽은 후에 맛디아를 선출하여 그 자리를 대체하도록 하였다. 사도들은 예수 그리스도에 의해 특별히 부름을 받고 보냄을 받은 사람들로서 예수와 밀접한 관계를 갖고 지냈던 사람들이다. 사도행전에서도 나오지만, 사도들의 가르침은 초대교회에서 매우 중요한 의미가 있다. 그러므로 그들에 의해 기록된 것들은 당연히 권위를 갖게 되었다. 그래서 사도의 이름을 빌려 기록한 위서(僞書)들도 있을 정도였다. 물론 마가와 누가는 사도는 아니지만, 그들이 쓴 글이 정경으로 채택되었는데, 그들의 글을 사도적인 교훈으로 받아들였기 때문이다. 실제로 마가는 베드로의 통역관으로 일했고, 누가는 사도 바울을 치료한 의사로서(골 4:14) 누가복음과 사도행전의 목적을 밝힌 바에 따르면, 역사적인 관심을 두고 글을 체계적으로 써나갔다. 교회는 이들에게 사도적인 권위를 인정하였다.

세 번째는 저작 시기가 오래됨이다. 비록 내용에서는 권위를 인정받는다 해도 그것이 사도들이 살았던 시기에 근접해 있는 사람의 글이 아니라면 배제되었다. 이유는 예수 그리스도를 얼마나 정확하게 전하고 있는지와 관련해서 신빙성이 떨어진다고 보았기 때문이다. 최소한 사도들과 가까운 시기에 기록된 글이어야 했다. 시기적으로 오래된 글이 좀 더 단순한 구조로 이뤄지기 때문에 문체의 단순성도 판단의 기준으로 작용했다.

네 번째는 정통성이다. 이것은 저자나 시기가 아니라 내용에 관한 기준이다. 이단적인 내용을 담고 있거나 예수 그리스도를 전하는 내용이 부족한 것들은 비록 사도들의 이름이 붙어 있었다 해도(베드로행전과 바울행전 등) 정경으로 채택하지 않았다. 후에 마르틴 루터는 복음을 성경의 본질로 보고 정경 속의 정경이라는 기준을 제시했는데, 이것 역시 정통성과 연관이 있다.

다섯째는 보편성이다. 일부 지역에서만 회람이 되고, 그 이외의 지역에서는 알려지지 않은 것은 정경으로 받아들이지 않았다. 이에 비해 광범위한 지역의 교회에 알려진 책들은 정경으로 받아들여졌다. 특정 지역에 있는 교회들에 보낸 서신서들이 정경에 포함된 까닭은 그것들이 지역에서 멀리 떨어져 있는 교회에서도 회람되었기 때문이다.

여섯째는 앞서 언급한 소위 '정경 속의 정경(the canon in canon)'이다. 칭의론에서 '오직 믿음'과 '오직 은혜'를 강조했던 마르틴 루터는 기존의 정경의 순서를 따르지 않고 복음이라는 기준으로 편집하였다. 이렇게 편집하면서 그는 그리스도의 복음의 본질에서 벗어났다고 생각되는 내용을 가진 유다서, 히브리서, 야고보서를 신약의 맨 끝에 놓았다. 특히 야고보서에 대해서는 "지푸라기와 같은 책"이라고 말했다. 루터가 이렇게 편집한 이유는 복음이 성경의 핵심이라고 생각했기 때문이다.

이런 기준들에 따라 정경으로 채택된 성경은 구약과 신약으로 이뤄졌는데, 구약은 유대교 전통에서 타나크란 이름으로 불리고 있다. 율법서(토라)와 예언서(네비임)와 문서들(케투빔)로 구성되어 있고, 타나크는 이 세 권 이름의 첫 자를 따서 만든 말이다. 타나크와 성경의 구약은 목록의 순서에 있어서 다르다. 기독교는 타나크를 받아들이면서 신약 27권을 추가했다. 신약은 예수 그리스도를 믿고 따르는 사도들과 제자들에 의해 기록된 것들이기 때문이다. 유대교와 기독교가 정경에서 차이를 보이는 이유는 유대교가 예수 그리스도를 하나님의 아들로 인정하지 않기 때문에 발생한 차이이다. 기독교 내에서도 개신교와 달리 가톨릭은 흔히 외경으로 불리는 13권을 성경으로 받아들이고 있다. 개신교는 구약 39권, 신약 27권을 성경으로 인정한 데 비해, 가톨릭은 여기에 13권의 외경을 추가로 인정한다.

한편, 성경은 여러 저자가 살아 계신 하나님의 행위에 대한 반응, 곧 자신들의 하나님 경험을 성령의 영감에 따라 기록한 것이다(딤후 3:16). 기록은 여러 저자에 의해 그리고 다양한 형태와 장르로 이뤄졌는데, 신언전달 및 예언, 증거, 고백, 교훈과 훈계, 권고의 형태로, 때로는 보존을 목적으로 역사적 서술의 형태로 기록되었다. 그러므로 오늘날 성경을 읽는 바른 방식은 성령의 도움을 구하는 가운데 단순한 텍스트의 의미를 넘어야 한다. 특히 기록에 담겨 있는 저자의 하나님 경험에까지 닿아야 하고 또한 더 나아가서 기록 안에 숨겨져 있는 하나님의 말씀과 행사와 뜻을 발견하는 일에 집중해야 한다. 그리고 성령을 통해 오늘 나에게 주시는 말씀을 들을 수 있도록 노력해야 한다.

성경의 권위

끝으로 정경 논의와 관련해 제기되는 성경의 권위 문제에 대해 알아보자. 성경의 권위란 기독교 신앙과 삶에서 최고 심급[5]기관으로 성경을 인정하는 것을 말한다. 진리 문제

5 하나의 소송 사건을 서로 다른 종류의 법원에서 반복적으로 심판하는 경우, 그 법원들 사이의 심판 순서. 또는 상하의 관계. 우리나라 법원은 삼심 제도를 채택하고 있으며, 원칙적으로 지방 법원이 제1심, 고등 법원이 제2심, 대법원이 제3심이 된다(표준국어대사전).

와 관련되어 있다. 앞서 산발적으로 언급되었지만, 만일 성경의 권위가 정경으로 확정됨으로써 비로소 형성되었다고 보면, 가톨릭의 주장에 어쩔 수 없이 동조하게 된다. 왜냐하면 정경 채택은 교회의 결정에 따른 것이고, 이를 권위의 원천으로 본다면 결과적으로 교회가 최종 심급기관으로 작용할 것이기 때문이다.

그렇다면 성경의 권위는 어디서 오는 걸까? 성경의 권위는 하나님의 계시에 있다. 달리 말하면, 성경은 하나님이 성경을 통해 당신을 나타내시기 때문에 권위를 갖는다. 성경은 하나님의 계시이며 또한 하나님은 성경을 통해 당신을 계시하신다는 말은 바로 이것을 가리킨다. 계시는 하나님의 주권적인 뜻에 따라 일어나기 때문에 성경 이해와 관련해서 누구도 절대적인 권위를 주장할 수 없으며, 언제나 하나님의 계시에 복종해야 한다. 우리는 책으로서 성경 자체를 믿지 않는다. 우리는 다만 하나님과 관계를 갖고 살고 또한 선한 이웃으로서 살기 위해 성경을 절대적으로 필요로 할 뿐이다. 우리가 믿는 것은 성경에서 증거 되는 하나님이다.

성경의 권위가 위기에 처하게 되는 때는 성경의 진술들과 반대되는 사례가 나타날 때이고, 특히 과학적인 세계관이 패러다임을 형성할 때이다. 예컨대, '코페르니쿠스적인 전환'이라 일컬어지는 과학적인 사실에 대한 새로운 발견은 중세의 기독교 세계관을 위협했다. 시기적으로 가장 큰 위기에 직면했던 때는 계몽주의 시대이다. 계몽주의는 이성적인 판단을 진리 결정의 중요한 수단으로 인정했기 때문이다. 이성에 부합되지 않는 것은 진리로 인정하지 않았다. 비판적인 성경 연구 곧 역사비평적인 해석방식이 성경 이해에 도입됨으로써 성경의 권위는 큰 위기를 맞았다. 특히 다윈의 진화론과 프로이트의 무의식 세계의 발견은 코페르니쿠스적인 전환 이후에 기독교 세계관을 뒤흔든 사건이었다. 오늘날에는 뇌 안에 신이 있다는 주장을 가능하게 하는 뇌 과학 연구가 기독교에 큰 도전이 되고 있다.

성경의 진술과 일치하지 않는 과학적인 사실의 발견에도 불구하고 성경의 권위가 지켜질 수 있었던 까닭은 문자적인 기록으로서 성경에 매이기보다 성경을 통해 하나님이 계시하신다는 생각 때문이었다. 성경은 비록 과학에 기반을 둔 기록물이 아니고 또 그럴 목적도 없지만, 성경을 통해 하나님이 계시하시기 때문에 정경으로 고백되었다. 그러므로 루터는 성경숭배행위(bibliolatry)를 매우 강하게 비판할 수 있었다. 그리스도인은 성경 자체를 신성시하지 않고 오히려 성경을 읽고 듣고 또 성경본문에 관한 설교를 들음으로써 하나님의 말씀을 듣는다. 그러므로 성경은 읽고 듣고 실천하며 또 그것을 근거로 설교하는 일에 사용되어야 한다. 또한 성경은 하나님이 스스로 나타나실 때 그것이 하나님의 계시임을 인식할 수 있도록 한다. 주술적인 의미에서 성경 자체의 효력은 인정되지 않는다. 성경을 문자에 매여 이해해서는 안 된다.

그렇다면 하나님이 성경을 통해 말씀하시고 또 계시하시는 일에서 관건은 무엇일까? 우리가 성경을 읽고 듣고 실천하며 또 성경에 근거한 설교를 경청함으로써 우리에게 어떤 일이 일어나길 성경은 원하는 걸까? 예수 그리스도를 믿고, 그분을 통해 주시는 하나님의 은혜를 받아 영생(하나님의 생명)을 사는 것이다. 신약은 이 사실을 하나님 나라라는 이미지를 사용하여 포괄적으로 말했다. 성경은 우리가 하나님 나라의 백성으로서 살기를 원한다. 새로운 피조물이 되는 것이다. 사도 바울은 고린도후서 5장 17절에서 이것을 위한 조건으로 그리스도에 대한 믿음을 제시했다.

> 그런즉 누구든지 그리스도 안에 있으면 새로운 피조물이라 이전 것은 지나갔으니 보라 새 것이 되었도다.

그리고 믿는 자들이 하나님 나라의 백성으로 살게 하려는 성경의 목적과 관련해서 디모데후서 3장 16-17절은 이렇게 말했다.

> 모든 성경은 하나님의 감동으로 된 것으로 교훈과 책망과 바르게 함과 의로 교육하기에 유익하니 이는 하나님의 사람으로 온전하게 하며 모든 선한 일을 행할 능력을 갖추게 하려 함이라.

성경은 인간이 자신의 힘에 의지해서 혹은 인간 자신의 판단능력에 따라 세상을 판단하며 살 때, 죄를 지으며 살 수밖에 없다는 사실을 보여 주고, 이와 반대로 인간이 어떻게 하면 하나님의 은혜 안에 머물면서 하나님의 은혜로 만족하며 살 수 있는지 그 방법을 제시한다. 이에 따르면, 예수 그리스도는 인간이 자신을 억압하는 힘에서 벗어나 하나님의 은혜 안에서 새로운 생명으로서 살 수 있는 유일한 길이다. 해방과 자유를 가능하게 하는 구원, 이것이 바로 복음의 본질이며 성경을 통한 계시의 핵심이다. 이것이 어떻게 구체적으로 모습을 드러내는지는 오직 하나님의 주권에 달려 있다.

8

오직 성경으로(sola scriptura)

"오직 성경으로"는 소위 성경원리(bible principle)로 알려져 있다. 웨스트민스터 신앙고백서는 성경에 관한 고백으로 시작할 정도로 "오직 성경으로"는 개혁교회(reformed church)에서 신학과 신앙의 근본으로 여겨진다. "오직 성경으로"는 오직 성경만이 신학과 신앙 그리고 교회의 행위를 위한 최고의 권위를 갖는다는 말이며, 또한 구원에 관한 메시지는 성경만으로 충분하여 교회의 전통이나 인간의 노력을 추가할 필요가 없다는 것을 의미한다. 디모데후서 3장 15-17절에서 바울은 이렇게 말했다.

> … 성경은 능히 너로 하여금 그리스도 예수 안에 있는 믿음으로 말미암아 구원에 이르는 지혜가 있게 하느니라 모든 성경은 하나님의 감동으로 된 것으로 교훈과 책망과 바르게 함과 의로 교육하기에 유익하니 이는 하나님의 사람으로 온전하게 하며 모든 선한 일을 행할 능력을 갖추게 하려 함이라.

그렇다고 해서 이 말이 세상의 모든 일이 성경에 다 포함되어 있고, 모든 문제가 성경으로 다 해결될 수 있다는 말은 아니다. "오직 성경으로"는 하나님을 알고 또 하나님의 구원에 관한 계시와 관련해서 성경 이외의 다른 것을 필요로 하지 않는다 함이다.

역사적으로 볼 때 "오직 성경으로"는 마르틴 루터에게서 유래한다. 곧 성인에게 기도한다든가, 화체설, 면죄부, 교황의 지나친 권위, 마리아 평생동정설[6] 등 가톨릭교회의 비성

---

6 553년 제2차 콘스탄티노플 공의회에서 마리아의 평생 동정성을 선언하였다. 649년 라테란 공의회에서는 이 입장을 재천명했다. 그 밖에 하나님의 어머니 교리(*Theotokos*, 431년 에베소 공의회는 마리아를 '하나님의 어머니'라고 공식적으로 선포했다.)와 마리아의 무흠탄생설(*Immaculata Conceptio*, 마리아가 무죄한 상태에서 예수님을 잉태하였다는 주장으로 1854년 12월 8일 교황 비오 9세의 회칙에 의해 다음과 같이 선포되었다. "복되신 동정녀 마리아는 잉태된 첫 순간부터 인

경적인 가르침 때문에 루터가 교회를 비판하자 1520년 교황 레오 10세는 그에게 추방될 것을 위협하면서 의견을 철회하고 교황의 권위에 복종할 것을 요구했다. 이에 대해 루터는 다음과 같이 대답했다고 한다.

"만일 내가 성경의 증거들이나 이성의 확실한 근거를 통해 설득되지 않는다면-왜냐하면 교황이나 공의회를 나는 믿지 않고 또 그들은 이미 자주 오류에 빠졌고 스스로 모순되는 일을 자주 저질렀기 때문에-나는 내가 인용한 성경말씀을 굳게 고수할 것이다. 내 양심이 하나님의 말씀에 사로잡혀 있는 한, 나는 (내가 한 말을) 철회할 수 없고 또 그러지도 않을 것이다. 왜냐하면 양심에 반하여 행동하는 것은 안전하지도 또한 명료하지도 않

류의 구세주이신 예수 그리스도의 공로와 전능하신 하느님의 유일무이한 은총의 특전으로 말미암아 원죄에 물들지 않고 보존되었다.") 그리고 마리아 승천설(*Assumptio*, 1950년 11월 1일 교황 비오 12세의 회칙에 의해 이같이 선포되었다. "우리 주 예수 그리스도와 복되신 사도 베드로와 바오로 그리고 성좌의 고유한 권위에 따라 원죄에 물들지 않고 평생 동정이신 천주의 모친 마리아께서 지상의 생애를 마치신 뒤, 영혼과 육신이 함께 천상 영광으로 들어 올림을 받으셨다는 교의를 하느님이 계시하신 대로 공언하고 선언하며 분명히 정의하는 바이다.") 등이 있다.

기 때문이다. 하나님이여, 나를 도우소서, 아멘."

(필자 번역)

루터는 자신이 증거 본문으로 인용한 성경의 기록을 반박할 만한 확실한 증거가 성경적으로든 이성적으로든 제시되지 않는다면, 성경에 근거한 자신의 주장을 결코 철회할 수 없다는 강한 의지를 밝혔다. 루터는 이것으로 당시 관습적으로 행해진 각종 교회 행위들이 잘못된 성경해석에서 유래한다는 사실을 비판하였다. 그리고 그렇게 된 중요한 이유는 오직 교회에만 성경을 해석할 최종 권한이 주어졌기 때문이었다고 보았다. 당시 가톨릭교회는 공의회가 여러 문서를 판별하여 정경으로 채택했다는 이유로 교회를 성경해석의 주체로 여겼다. 또한 성경이 쉽게 이해할 수 있는 책이 아니므로 해석이 필요하다고 주장하였다. 그리고 성경에만 진리가 있는 것이 아니라 교회의 전통을 통해서도 진리는 면면히 전승되고 있다고 보았다. 가톨릭교회의 주장을 수용하면 성경의 권위는 당연히 교회를 통해 주어진다. 이것은 교회의 수장인 교황에게 해석의 최종 권한을 부여하도록 했고, 더 나아가서 성경 자체보다 더 큰 권위가 교회와 교황에게 있다고 여기게 만든 이유로 작용하였다. 만일 교회와 교황이 타락하게 되면 더는 성경해석의 오류를 바로잡을 수 없는 구조였다. 루터는 바로 이런 현실이 잘못된 해석을 낳게 한 주요 요인으로 생각했고, 이것에 반대하는 의미에서 "오직 성경으로"를 외쳤다. 성경이 해석의 최고 권위를 갖는다는 주장이다.

그러므로 "오직 성경으로"의 기본적인 의미는 모든 일을 성경에 근거해야 한다는 말이 아니라 성경을 올바로 해석하는 일과 관련되어 있으며, 궁극적으로는 누가 성경을 해석할 권리를 갖고 있는가 하는 것이다. 권위에 있어서 인간의 합리성과 교회의 전통을 성경보다 우위에 놓는 행위에 대한 비판이었다.

처음에 가톨릭교회는 성경 어느 곳에도 "오직 성경으로"라는 표현이 없다는 말로 루터의 주장을 반박했는데, 루터는 이에 대해 성경은 하나님의 영감으로 기록되었다고 성경 자신이 증거하는 점에 근거하여, 성경은 자신을 해석한다고 주장하였다. 루터가 성경을 독일어로 번역한 이유는 성경해석이 성직자 계급에 의해 독점되어서는 안 된다는 확신에서 비롯한다. 웨스트민스터 신앙고백 제1장은 이와 관련해서 다음과 같이 말하고 있다.

> "성경해석상 오류를 범하지 않는 방법은 성경으로 성경을 해석하는 것이다. 그러므로 어떤 성경구절의 참되고 온전한 뜻을 찾는 데 있어서 어려움이 있으면 그 뜻을 더 명백히 나타내는 다른 성구로써 밝혀야 한다."

"오직 성경으로"를 교회 전통을 무조건 반대하는 태도로 보아선 안 된다. 이것은 다만 비성경적인 혹은 반성경적인 가르침을 거부하며, 잘못된 가르침에 근거한 전통을 반대한다. 하나님이 원하시는 것을 가장 확실하게 알 방법은 하나님이 당신을 스스로 나타내 보이시는 것, 곧 성경에 충실해지는 것임을 밝힌다. 성경에 버금가는 권위를 갖는 것은 아무것도 없으며, 또 성경의 진실성에 비견할 만한 전통도 없다는 주장이다. 교회의 어떤 행위이든지, 어떤 전통이든지, 그것이 신앙을 위해 보존되고 유지되기 위해서는 성경에 근거해야 하고, 성경의 의미에 부합해야 한다. 성경에 어긋나는 것은 무엇이든 배제돼야 한다.

한편, 성경은 하나님이 누구이시고, 어떤 일을 행하시며, 또한 무엇을 원하시는지를 계시하기 때문에, "오직 성경으로"의 핵심은 엄밀히 말해서 하나님과 그분의 행위와 뜻에 합당한 진술과 삶에 있다. 관건은 참 하나님을 올바르게 인식하는 것이며, 그분이 행하시는 일을 바로 인지하고 또 그 분의 뜻에 순종하는 것이다. 가톨릭의 가르침과 행위는 성경과 전통을 진리 판단의 두 기준으로 삼았기 때문에 하나님을 올바르게 인식하는 것을 가로막았다. 이를 통해 알 수 있는 것은 루터의 종교개혁이 교회의 잘못된 행위들을 비판하는 것으로 머물지 않고 궁극적으로는 신학적 인식의 문제를 해결하려는 노력이었음을 알게 된다.

"오직 성경으로"의 의미는 종종 오해되기도 했는데, 그 오해는 교회사에서 하나의 흐름을 각인하였고 지금까지도 어느 정도 영향을 미치고 있다. 17세기 루터 정통주의자들에 의해 주장된 소위 성경주의(biblicism)이다. 성경주의는 하나님이 성경을 통해서만 자신을 계시하였기에 오직 성경에만 진리가 있다고 믿는다. 성경숭배(bibliolatry)로 비난을 받을 정도로 성경을 문자적으로 해석하고 또 모든 일에서 성경의 기록만이 신앙과 삶의 유일한 기준이라 주장한다. 성경의 축자영감설(verbal inspiration)의 등장은 성경주의의 태동과 맥을 같이 한다. 이 입장은 19세기 성경해석에서 역사비평 연구가 도입함으로써 그 힘을 잃기 시작했다.

"오직 성경으로"가 가져온 또 다른 부작용은 교회 분열이다. 성경해석의 권한이 교회에 집중되지 않고 해석의 신학적인 정당성에 부여되었기 때문에 해석과 관련해서 서로 다른 이해가 부딪히는 경우 조정할 기관이 없으므로 분열은 불가피했다. 그 대표적인 것이 성찬 이해와 관련해서 루터파와 츠빙글리를 따르는 개혁파로 분열된 것이다. 그 후 개신교는 성경 이해의 차이로 분열을 거듭했다.

역사비평을 통한 성경연구로 성경 영감설이 의문시되면서 성경이 진리라는 사실은 무엇을 통해 정당화되는지에 관한 의문이 제기되었다. 이런 의문과 관련해 성경의 외증과 내증에 대한 주장이 제기되었다. 성경의 외증이란 성경의 기록이 역사에서 사실로 입증되고 또 삶의 교훈과 지혜를 주는 일에서 탁월함을 보여준다는 사실을 말하고, 성경의 내증은 성령의 내적 증거를 말하는데, 성령의 내적 증거란 우리의 마음속에서 하나님의 말씀을 가지고 증거하는 성령의 내면적 역사를 말한다(웨스트민스터 신앙고백서 제1장 5항). 이 성경이 진리임을 스스로 증거한다는 것이다.

오늘날 "오직 성경으로"의 근본적인 의미는 해석의 권위에 관한 것이라 해도, 파생된 의미로 매우 다양한 영역에 영향을 미치고 있다. 특히 설교는 본문에 근거해야 했고, 그리스도인의 삶은 성경의 정신을 따르고 또한 성경의 의미를 현실로 옮기는 일을 지향하는 것으로 이해되었다. 신학적인 주장은 성경의 전체 맥락에 부합되어야 했으며, 어떤 전통이라도 성경에 근거하지 않으면 영원한 의미를 갖지 못하는 것으로 여겨졌다. 또한 "오직 성경으로"를 성경을 문자적으로 이해해야 한다는 원리로 받아들이는 근본주의적인 입장 때문에 외부에 의해 폐쇄적인 기독교라는 비난을 받기도 한다.

오해풀기 4

성경 읽기에서 성령의 조명하심이 필요한 이유

신앙생활이란 믿음을 가진 사람들이 세상에서 혹은 교회에서 살아가는 일체의 방식을 총칭한다. 신앙을 가진 사람들로서 자신의 생명을 유지하고 지속하는 활동, 곧 생명 활동을 신앙생활이라 한다. 신앙과 전혀 무관하게 사는 사람들도 있고, 신앙의 색깔을 분명하게 드러내는 사람들도 있고, 카멜레온같이 필요에 따라서 적절히 처신하며 사는 사람들도 있다. 물론 큰 문제의식 없이 배교하는 사람들도 있다. 어떤 모습으로 살아가느냐에 따라 신앙생활은 달라진다.

교회는 성도들의 어머니로서 신앙을 가진 사람들에게 올

바른 신앙생활을 돕는 역할을 한다. 신앙인의 생명 활동을 돕는 것이다. 한 생명체가 태어나 건강하게 성장하고 또한 인격적인 삶을 살아가도록 도와야 하듯이, 교회는 신앙을 가진 사람이 무엇보다 하나님과 사람과의 관계에서 건강하고 인격적인 신앙생활을 할 수 있도록 돕는다. 기독교 문화와 교육을 통해 성숙한 신앙인이 되기까지 돕는다. 신앙이 무엇인지 가르치고, 신앙을 어떻게 받아들여야 하는지, 신앙을 표현하며 사는 방식에 대해서, 신앙을 가진 사람과 신앙을 가지지 않은 사람과 어떻게 관계를 맺어야 하는지도 가르친다. 관건은 성도들이 가진 생명력을 더욱 풍성하게 하고 또 다양한 형태의 삶에서 신앙의 진실성과 역동성을 충분히 발휘하도록 돕는 것이다.

신앙생활의 '삶의 자리(Leben im Sitz)'라는 것이 있다. 신앙은 어디서 자신의 생명력을 발휘하느냐 하는 것이다. 신앙생활이 이뤄지는 곳은 세상과 교회이다. 신앙생활의 '삶의 자리'라 함은 신앙이 문제로 주목받는 장소에 대해 더욱 구체적으로 묻는 것이다. 쉽게 말해서 어떨 때 혹은 어느 곳에서 신앙이 쟁점이 되느냐 하는 것이다. 예컨대, 하나님과의 관계에서만 신앙생활의 의미를 찾는 것은 잘못이다. 하나님이 만물의 통치자이시다는 고백은 신앙생활이 교회에만 제한할 수 없다는 사실을 환기한다. 교회는 기독교 문화와 교육 그리고 훈련을 통해 하나님과의 관계는 물론이고 사람들과의 관계에서 신앙이 의미 있게 작용할 수 있도록 돕는다. 사람들과 관계에서 우리의 신앙은 어떤 작용을 하는가? 아니면 아무런 작용을 하지 않는가? 가정생활에서 신앙이 갖는 의미가 있는가? 아니면 아무런 의미가 없는가? 의미가 있는 것은 알아도 일부러 피하는가? 아니면 서로 묵인 하에 슬그머니 넘어가는가?

하나님과 사람과의 관계에서 신앙이 의미 있게 작용할 수 있도록 돕는 과정에서 교회는 성경을 기준으로 삼는다. 각종 기독교 문화는 성경에 기초하고 있고, 교육과 훈련 역시 성경을 통해 이뤄진다. 이런 까닭에 성경을 캐논(canon)이라고 부른다. 어떤 모임이든 모든 생각과 일에 있어서 사람들은 저마다 생각과 느낌이 있다. 서로 다르지만, 성경은 사람들이 서로 다르다 해도 함께할 수 있는 이유를 공급한다. 설령 당장에 하나로 만들어지지는 않는다 해도, 서로 다를 뿐 아니라 심지어 서로 갈등 관계에 있다 해도 최소한 함께 살아갈 가능성을 열어준다. 왜냐하면 성경의 권위는 교회가 아닌 하나님에게서 오기 때문이다. 성경은 하나님의 계시이다. 성경은 모든 신앙인이 신앙생활에서 반드시

고백해야 할 규범과 기준을 제시한다. 따라서 교회에서 다수결로 일단 결정했더라도 최종적으로 결정하기 이전에 성경적인지 그렇지 않은지를 꼼꼼하게 따져보아야 한다. 아무런 문제로 여겨지지 않던 일들이, 성경에 비춰볼 때 문제가 되는 일들이 있다. 서로 의견이 다른 상황인데도, 성경에 비춰볼 때 하나가 될 가능성을 찾기도 한다.

문제는 성경의 내용을 판단하는 일에서 서로 달라지는 것이다. 성경을 이해하는 방향이 다르기 때문이다. 성경만 최고의 규범으로 삼는다 해도, 그것을 해석하는 사람들의 생각이 다르므로 의견이 달라진다. 갈등이 생기고 때로는 충돌하기도 한다. 가톨릭교회는 교회가 성경해석의 최종권위를 갖고 있으므로 교회의 권위 있는 해석으로 갈등을 해결함으로 분열을 막을 수 있다. 이에 비해 성경해석의 차이를 관용하는 것은 개신교의 장점이기도 하고 단점이기도 하다.

이와 관련해서 문제가 제기된다. 성경은 교회에 의해 결정되고 또 해석되기 때문에 성경은 교회에 근거하고 있다고 보아야 할까? 이 질문과 관련해서 칼뱅은 『기독교 강요』에서 에베소서 2장 20절에 근거하여 대답한다. 곧 교회가 사도들과 선지자들의 터 위에 세우심을 입었다 함은 교회가 세워지기 전에 이미 가르침이 있었고, 그 가르침에 근거해서 교회가 시작되었다는 것이다. 또한 정경 결정이 교회에 의해 이뤄진 것이기 때문에 문서들의 정경성을 결정하는 데에 교회의 권위가 작용했을 것이라는 점을 고려한다. 다시 말해서 정경을 결정했다는 사실에서 성경 위에 있는 교회의 권위를 인정해야 한다는 주장에 대해 이것 역시 교회가 처음부터 교회보다 시기적으로 앞선 가르침에 근거하고 있었기 때문이라고 말한다. 교회의 결정에 따라서 비로소 성경이 된 것이 아니라, 교회는 다만 성경이 하나님의 진리임을 인정하였고, 또 성경을 정경으로 채택함으로써 자신의 의무를 수행했을 뿐이라는 것이다. 성경 자신이 명확히 드러내는 진리를 진리로 인정하였을 뿐이라는 것이다. 칼뱅에게 있어서 성경에 대한 최고의 증거는 하나님께서 친히 그 속에서 말씀하시는 사실에서 비롯한다. 이것이 바로 성령의 내적 조명이다.

성령의 내적 조명이란 무엇인가? 분명히 성경이 진리임을 확증하는 최고의 원리로 제시된 것인데, 인간의 이해력과 관련해서 그것은 무엇인가? 비록 이해가 되지 않는다 해도 인간이 무조건 받아들이고 또 인정하도록 하는 어떤 강제적인 힘인가? 아니면 이해할 수 있는 방식으로 인간을 설득하는 힘인가? 만일 전자라면 성경의 진리성과 관련해서 인간의 지정의는 아무런 의미가 없게 된다. 무조건 받아들여야 하기 때문이다. 후자의 경우엔 다만 성경의 진리성을 이해하는 방식이 달라질 뿐이다.

성경의 진리성이 문제가 되는 까닭은 그것이 진정 하나님에게서 유래한 것인지 확실하지 않은 것이고 또한 그것이 합리적으로 설명되지 않기 때문이다. '성령의 조명'은 바로 이 점을 해결하기 위한 개념적인 장치로 여겨진다.

첫째, 하나님에게서 유래한다는 것을 어떻게 확신할 수 있을까? 이 질문과 관련해서 성령이 하시는 일은 무엇인가? 이 질문은 이미 모세시대부터 있었다고 생각한다. 예언과 관련해서 그것이 진정 하나님에게서 온 것인지 그렇지 않은지를 분별할 방법으로 하나님은 예언의 성취를 말씀하셨다. 예언한 내용이 현실로 나타난다면 그것은 하나님에게서 비롯한 것이고, 그렇지 않으면 인간이 고안해낸 것이다. 이와 마찬가지로 성경이 하나님에게서 유래했다는 증거는 성경의 기록들이 이성적으로 설명할 수 있느냐 그렇지 않으냐의 여부에 있지 않고, 오직 성경의 내용이 현실로 나타나느냐 그렇지 않으냐에 달려 있다. 하나님에게서 비롯한다면 성경은 반드시 현실로 나타나야 한다. 예언은 반드시 성취되고, 하나님의 말씀은 현실로 나타나기 전에는 결코 헛되이 돌아가지 않는다.

이 문제와 관련해서 성령은 우리가 성경의 내용이 현실이 되도록 일하신다. 믿는 자들을 사용하여 성경을 현실로 옮겨 놓는다. 우리가 소원하도록 하고, 하나님의 능력으로서 복과 은사를 주고 또 성품을 온전하게 하는 방식으로 성경이 다만 증거만이 아니라 현실임을 깨닫게 한다.

둘째, 성경은 합리적으로 설명될 수 있는가? 합리성은 공동의 이해가 가능할 수 있도록 마련된 합의구조를 말한다. 세상에서 일어나는 일을 이해하기 위해서는 공동의 이해를 가능하게 하는 틀이 필요하듯이, 성경 역시 그 내용은 비록 보편적이지만 그것을 이해하는 데에는 공동의 이해구조를 필요로 한다. 이성적 합리성은 세상이 사용하는 방식이나 성경적 합리성은 교회가 사용하는 방식이다. 다시 말해서 성경의 합리성은 먼저 믿고 그것이 현실로 나타남을 확인하는 방식으로 작용한다. 터툴리안(Tertullian)은 불합리하므로 믿는다(*Credo quia absurdum*)고 했고, 어거스틴(Augustine)은 이해하기 위해 믿는다(*Credo ut intelligo*)고 말했으며, 안셀름(Anselm of Canterbury)은 지성을 추구하는 믿음(*Fides quaerens intellectum*)을 말했다. 철학자 키르케고르(Kierkegaard)는 역설이라는 개념으로 설명했고, 바르트(Karl Barth)는 신앙의 유비(*analogia fidei*)를 말했다. 틸리히(Paul Tillich)는 상징을 통해 이해할 수 있다고 보았다. 결국 이 모든 표현은 성경을 이성적 합리성이 아닌 다른 방식의 합리적 구조에서 이해할 이유를 말한다. 칼뱅은 성령의 인치심의 결과로 나타나는 참된 믿음을 강조했다.

> "그러므로 여기서 한 가지 분명히 해두어야 할 것이 있다. 곧 성령께서 내적으로 가르침을 주신 사람들은 진정으로 성경을 신뢰한다는 것과 또한 성경이 과연 자신을 확증하므로 성경을 감히 증거와 이론에 예속시켜서는 안 되며, 우리가 가져야 마땅한 완전한 확신은 성령의 증거(증언)를 통해서 얻어진다는 것이 그것이다. 성경이 그 자체의 위엄으로 인하여 사람들에게 높임을 받는 것은 사실이지만, 오직 성령을 통하여 우리 마음에 그것이 인쳐질 때에야 비로소 성경이 우리에게 진지한 영향을 주게 되는 것이다."

성경을 해석하는 노력은 이성적인 설득력만으로는 부족

하다. 우리의 설득력은 대체로 이성적인 것이거나 감성적인 것이거나 아니면 의지적인 것으로 나타난다. 그러나 성경해석에 있어서 설득력은 이것들만으로는 부족하다. 성경은 성령의 감동으로 기록된 것이라 성령의 조명하심을 필요로 한다. 그러므로 성경해석은 지정의 모두를 포함할 뿐만 아니라 또한 성령의 역사를 기대하는 마음을 요구한다. 성경이 계시라는 말에는 인간 스스로 하나님을 발견할 수 없고 하나님이 스스로 나타나셔야 하나님을 만날 수 있다는 의미를 포함한다. 성경해석에 있어서 영성, 곧 하나님이 주시는 능력이 필요한 까닭이다. 성경을 읽으면서 성령의 도움을 기도해야 하는 까닭이기도 하다.

9
하나님의 영광
- 하나님의 참 하나님 되심

기독교인의 언어생활에서 가장 많이 듣는 단어는 "하나님의 영광"이 아닐지 싶다. 칼뱅이 가장 중요하게 생각한 것도 하나님의 영광이며, 음악가 바흐는 자신이 작곡한 곡의 모든 악보에 'SDG(*Soli Deo Gloria*, 오직 하나님께만 영광)'이라는 말을 써 넣었다. 하나님의 영광을 중시하게 된 데에는 이사야서 43장 21절 말씀 "이 백성은 내가 나를 위하여 지었나니 나를 찬송하게 하려 함이니라"와 "먹든지 마시든지 무엇을 하든지 다 하나님의 영광을 위하여 하라(고전 10:31)."는 바울의 말씀이 크게 작용한다. 웨스트민스터 소요리 문답의 첫 번째 질문은 사람의 제일 되는 목적이 무엇인지를 묻는다. 대답은 하나님을 영화롭게 하는 것과 영원토록 그를 즐거워하는 것이라고 했다. 하나님을 영화롭게 하는 일, 곧 하나님의 영광을 위해 사는 것은 사람의 제일 되는 목적이다.

'하나님의 영광'이란 무엇을 말할까? 이것을 알아야 구체적으로 하나님을 영화롭게 하는 일을 실천할 수 있게 될 것이다. 그런데 성도들에게 하나님의 영광이 무엇인지를 물어보면 대답을 주저한다. 가장 많은 대답은 '예배하는 일'이다. 예배를 통해 드러나고, 또 예배의 이유가 되지만, 그것은 영광을 설명하는 대답은 아니다. 대체로 무엇인지 알 것 같은데, 설명하기가 어렵다고 말한다. 알기는 알아도 설명하지 못하면, 아직 이해하지 못했다고 볼 수 있다.

사실 하나님의 영광을 직접 본 사람은 많지 않다. 성경에서 모세와 이사야 그리고 베드로와 요한과 바울 정도일 것이다. 죄인이 하나님의 영광을 보게 되면 즉사한다. 거룩하신 하나님을 보고 살아남을 인간이 없기 때문이다. 앞에서 소개한 인물들이 하나님의 영광을 접할 수 있었던 것은 순전히 하나님의 은혜였다. 그러니까 우리가 '하나님의 영광을 본다' 함은 무엇보다 하나님이 자기 자신을 나타내셨으며, 우리는 은혜 안에 있음을 의미한다.

이제는 하나님의 영광이 구체적으로 무엇을 의미하는지 살펴보자. 영광은 하나님이 세상에 임재하실 때 인간이 경험하게 되는 것이며, 하나님의 본질적인 속성이 지각 가능한 방식으로 현현한 것이다. 성경은 보통 권능의 빛을 비유로 하나님의 영광을 말했다. 곧 하나님의 영광은 하나님 자신에게서 발하는 권능의 빛으로서 모든 것을 밝힌다. 새 찬송가 8장 3절에는 "거룩 거룩 거룩 주의 빛난 영광 모든 죄인 눈 어두워 볼 수 없도다."라고 노래한다. 또 새 찬송가 9장 1절에서 하나님은 "하늘에 가득 찬 영광의 하나님 온 땅에 충만한 존귀하신 하나님 생명과 빛으로 지혜와 권능으로 언제나 우리를 지키시는 하나님"으로 표현되었다. 하나님은 "큰 영광 중에 계신 주"(새 찬송가 20장)이시다. 스위스 출신의 신학자 칼 바르트(Karl Barth)는 이런 하나님의 영광을 두고 하나님의 "주님 되심(Herrsein, Lordship)"이라고 설명했다. 하나님이 주님으로 섬겨지고 또 인정될 때를 가리켜 하나님의 영광이 나타났다고 이해한 것이다. 조금 추상적이라 생각되면, 혹시 이런 설명은 어떨까?

> "하나님의 영광은 우리가 믿는 여호와가 참 하나님으로 나타날 때, 그래서 사람들에게 참 하나님으로 인정될 때

를 가리켜 하는 말이다."

여호와 하나님이 세상에서 참 하나님으로 인정되는 때가 하나님의 영광이 나타나는 때이다. 하나님의 영광은 누구에 의해서도 만들어지지 않고 하나님 스스로 나타나심으로써 드러나는 것이지만, 소요리 문답에서 말하는 사람의 제일 되는 목적 곧 '하나님을 영화롭게 하는 것'이란 표현은 믿는 자들의 일거수일투족을 통해 하나님이 참 하나님으로 인정받을 수 있도록 행하라는 말이다.

이런 의미에서 예수님은 마태복음 5장 16절에서 분명하게 말씀하셨다.

> 이같이 너희 빛이 사람 앞에 비치게 하여 그들로 너희 착한 행실을 보고 하늘에 계신 너희 아버지께 영광을 돌리게 하라.

우리의 착한 행실을 보고 믿지 않는 사람들이나 믿는 사람들 모두 하늘에 계신 하나님을 참 하나님으로 인정할 수 있는 삶을 살라는 말이다. 여기서 말하는 착한 행실은 바로 앞 구절에서 나오는 빛과 소금으로서 사는 일과 관련되어 있다. 우리를 빛으로 소금으로 선언하셨지만, 소금과 짠맛이 구분되어 있다. 빛과 등을 구분하는 것도 가능하다.

그렇다면 선한 행실은 소금을 소금답게 하는 것이며, 등불을 등불답게 하는 일을 말한다. 짠맛과 빛은 우리 안에 내주하시는 성령으로 보는 해석이 설득력을 얻고 있다. 그러니 여기서 말하는 착한 행실은 단지 도덕적으로 선한 일만을 말하지 않는다. 크게 보면 하나님의 뜻을 이루는 삶을 말한다. 내 안의 하나님이 하나님으로 나타나시는 일에 순종할 때, 그리고 하나님의 뜻이 비록 실천되기 어렵다 하더라도 하나님의 뜻이라는 그 이유 하나만으로 순종하며 살 때, 사람들이 우리가 믿는 하나님이 참 하나님임을 인정하게 될 것이라는 말이다. 달리 말한다면, 만일 우리가 하나님의 뜻에 온전히 순종하지 못한다면, 우리를 통해 하나님이 참 하나님으로 인정받는 일이 일어나지 않는다는 말이다.

요한복음에서도 같은 의미의 표현이 있다. 17장 4절에서 예수님은 "아버지께서 내게 하라고 주신 일을 내가 이루어 아버지를 이 세상에서 영화롭게 하였사오니"라고 말씀하셨다. 아버지의 뜻을 이루는 일이 곧 아버지를 영화롭게 하는 일이라는 말이다. 하나님이 우리를 창조하신 목적은 이사야서 43장 7절에 기록되어 있다.

> 내 이름으로 불려지는 모든 자 곧 내가 내 영광을 위하여 창조한 자를 오게 하라 그를 내가 지었고 그를 내가 만들었느니라.

"내 이름으로 불려지는 모든 자"란 구체적으로 말하면 이스라엘 백성을 가리키지만, 오늘날의 맥락에서 본다면, 예수 그리스도를 믿는 자들을 가리킨다. 지금 믿고 있는 자뿐만 아니라 장차 믿을 자들도 포함한다. 다시 말해서 하나님의 백성은 하나님을 세상 가운데 참 하나님으로 나타내기 위한 목적을 갖고 살아야 한다.

이것은 '하나님의 형상'이란 말에도 잘 표현되어 있다. 하나님의 형상은 여러 가지 맥락에서 해석되고 있지만(영혼, 사랑, 지정의, 인격, 관계 등), 쉽게 말한다면, 하나님을 나타내는 자로 지음을 받았다는 말이다. 인간은 하나님의 속성은 물론이고 그분의 뜻과 행위를 세상 가운데 나타내도록 지음을 받은 존재이다. 이것을 어기는 것은 인간의 본질을 왜곡하는 일이다.

하나님이 인간이 당신 자신을 세상 가운데 나타내도록 하셨다면, 인간은 하나님의 무엇을 나타내야 할까? 창세기는 그것을 사람의 타락 사건을 통해 설명하고 있다. 생명나

무와 선악을 알게 하는 나무의 이야기이다. 생명나무의 실과를 먹으면 영생을 한다. 하나님은 이 실과를 먹어도 좋지만, 선악을 알게 하는 나무의 실과는 먹지 말라 하셨다. 먹는 날에는 정녕 죽을 것이라고 말씀하실 정도로 하나님이 몹시도 싫어하시는 일이었다. 그런데도 인간은 유혹이라는 계기를 통해 결과적으로 하나님이 싫어하시는 일을 실행했다.

이 이야기에서 우리가 알 수 있는 것이 하나 있다. 하나님은 인간이 당신을 어떤 존재로 인식하기를 원하시는가 하는 것이다. 생명나무 실과를 통해 영생을 주시고, 또한 그것을 가능하게 하는 은혜를 베푸시는 분이다. 다시 말해서 인간은 하나님을 은혜로운 분이며 인간이 영생하기를 원하시는 분으로 세상 가운데 나타내라는 것이다.

그러나 인간은 자신이 판단하면서 살 수 있기를 원했다. 은혜로 살기보다 자신의 능력에 따라 살기를 원한 것이다. 하나님의 영광이 아니라 자신의 영광을 위해 살기를 원했다. 그래서 선악을 알게 하는 나무의 실과를 따 먹었다. 결과적으로 볼 때 세상에는 두 가지 형태의 삶이 있다. 하나님의 영광을 위한 삶과 인간의 영광을 위한 삶이다. 전자는 헌신과 제자도의 삶으로, 후자는 보통 인정 욕구로 표출된다. 바울은 자신을 쳐서 복종시킴으로써 하나님의 영광을 위한 삶, 곧 자신을 통해 하나님을 나타내려는 끊임없는 노력을 기울였다. 이것이 인간의 본질이고 또한 믿는 자로서 마땅한 일이기 때문이다.

영광 가운데 계신 하나님을 인정하고, 그 영광을 세상 가운데 나타내는 일을 의식적으로 혹은 삶을 통해 행하는 일이 예배이다. 하나님을 나타내는 일뿐만 아니라 무엇보다 볼 수 있고 또 인지할 수 있어야 모든 피조물 가운데 나타나는 하나님의 영광을 인정할 수 있다. 예배는 의식적으로 영광의 하나님을 인정하고 또 나타내는 일이며 또한 그렇게 하길 배울 수 있는 시간이다. 예배의 순간에 하나님을 만나고, 하나님의 은혜와 거룩함을 경험하며, 변화가 일어나는 까닭은 하나님이 나타나시기 때문이다. 이것이 오늘날 교회에서 예배가 회복되어야 할 이유이다.

우리가 주목해야 하는 점은 하나님의 영광이 드러나는 방식이다. 하나님은 어떤 방식으로 혹은 어떤 경로를 통해 당신의 영광을 나타내실까? 우리는 하나님의 영광을 무엇을 통해 혹은 어떻게 인지할 수 있으며 또 세상 가운데 나타낼 수 있을까? 하나님의 영광은 하나님의 주권에 속하기 때문에 오직 말할 수 있는 것은 하나님의 다스림이 일어나는 곳에서 나타난다는 것이다. 그곳은 하나님의 뜻이 성취되는 곳, 하나님의 말씀대로 이뤄지는 곳이다. 요한은 육신을 입고 오신 예수에게서 아버지의 영광을 보았다고 했다. 다시 말해서 하나님의 뜻이 내게 일어나도록 할 때 하나님의 영광은 나의 삶에서 나타난다. 예수 그리스도가 지신 십자가는 비록 죄인에게 가하는 벌이고 그래서 보기에 좋지 않지만, 그런데도 우리는 가장 아름답다고 고백한다. 왜냐하면 십자가를 통해 하나님의 뜻이 온전히 이뤄졌기 때문이다. 빌립보서 2장 6-11절에서 사도 바울은 원시교회의 찬가를 인용하면서 이렇게 표현했다.

> 그는 근본 하나님의 본체시나 하나님과 동등됨을 취할 것으로 여기지 아니하시고 오히려 자기를 비워 종의 형체를 가지사 사람들과 같이 되셨고 사람의 모양으로 나타나사 자기를 낮추시고 죽기까지 복종하셨으니 곧 십자가에 죽으심이라 이러므로 하나님이 그를 지극히 높여 모든 이름 위에 뛰어난 이름을 주사 하늘에 있는 자들과 땅에 있는 자들과 땅 아래에 있는 자들로 모든 무릎을 예수의 이름에 꿇게 하시고 모든 입으로 예수 그리스도를 주라 시인하여 하나님 아버지께 영광을 돌리

게 하셨느니라.

그렇다면 하나님의 영광은 성도의 예배와 삶에서 어떤 결과를 일으킬까? 가장 우선되는 것은 하나님을 인정하고 높여드리는 일이며, 둘째는 회심이다. 하나님의 영광을 대하고 여전히 죄 중에 머물며 또한 변하지 않는다는 건 불가능하다. 모든 피조물은 하나님의 영광의 보좌 앞에서 심판을 받는다. 영광은 죄인에게서 두려움을 불러일으킨다. 따라서 성도에게 회심이 없다면 아직 하나님의 영광을 보지 못한 까닭이다. 셋째는 평안이다. 성도가 하나님의 영광중에 있다 함은 하나님의 은혜 안에 있고 하나님의 인도하심을 받는다는 뜻이기 때문에, 하나님의 영광은 성도에게 세상이 주는 평안과 비교할 수 없는 평안을 준다. 예수가 나실 때 하늘에는 영광이 있고, 땅에는 평안이 있다고 노래했다. 예수 그리스도와 바른 관계를 맺을 때 우리는 하나님께 영광을 돌리는 것이며, 그로부터 우리는 평안을 누린다. 넷째는 충만함이다. 칼 바르트는 아름다움은 하나님의 영광이 세상에 나타나는 형태라고 했다. 하나님의 영광은 세상을 하나님의 말씀대로 되게 하므로, 그리고 세상의 모든 것이 마땅히 있어야 할 것들로 회복시키고 또 변형시켜주기 때문에 하나님의 영광이 나타나면 아름답다. 하나님의 영광은 인간의 모든 욕망을 압도하는 아름다움이다.

10
오직 하나님께 영광(soli Deo gloria)

보통 S.D.G로 표현되고 또 '오직 하나님께만 영광이 돌려지길'로 이해되는 이 표현은 종교개혁의 다섯 원리 가운데 하나로 여겨진다. 이 표현은 하나님과의 관계에서 인간 행위의 동기와 목적을 표현한다. 가장 널리 알려진 바로는 사도 바울이 고린도 교회에 보내는 편지에서 했던 권고이다.

> 그런즉 너희는 먹든지 마시든지 무엇을 하든지 다 하나님의 영광을 위하여 하라(고전 10:31).

이 말은 원래 제사 음식과 관련된 논쟁에서 바울이 하나의 기준으로 제시한 것인데, 어떤 선택을 하든 하나님이 참 하나님으로 인정받을 수 있도록 하라는 의미이다. 하나님의 참 하나님 되심이 침해받지 않도록 하라는 뜻이다. 영광은 하나님의 권능의 빛으로서 오직 하나님에게 합당한 것이다. 로마서 11장 36절에서 바울은 "이는 만물이 주에게서 나오고 주로 말미암고 주에게로 돌아감이라 그에게 영광이 세세에 있을지어다 아멘."이라고 말했다. 따라서 원래는 *Deo gloria*(하나님께 영광이)로 충분하다. 여기에 *soli*(오직)가 덧붙여진 이유는 그만큼 인간이 하나님께 영광을 돌리지 않고 다른 것에 영광을 돌리는 일이 잦기 때문이다(롬 1:21, 23, 25). 이것을 방지하고 또 경고하는 의미에서 *soli*(오직)이 덧붙여졌다고 생각하면 된다.

고린도전서와 로마서에 나오는 두 개의 성경구절에서 볼 수 있듯이 하나님의 영광과 관련해서 목적격 *gloriam*과 주격 *gloria*가 사용되고 있는 것을 알 수 있다. 목적격으로 사용하면, 곧 *soli Deo gloriam*은 행위 주체로서 인간과 행위의 목적을 강조하는데, 인간이 하나님의 형상으로서 살아감으로써 다른 사람들이 다른 존재가 아닌 오직 하나님만을 참 하나님으로 인정할 수 있도록 해야 한다는 말이다.

이에 비해 주어로 사용하면, '하나님에게만 영광이 있어야 한다' 혹은 '하나님에게만 영광이 있길 바란다'는 의미가 된다. 찬양과 기도의 맥락에서 사용된 표현이라 할 수 있다. 주격이든 목적격이든 둘 다 성경에 나오는 표현이며, 공통으로 세상 가운데 참 하나님으로서 드러나야 하는 분은 오직 여호와 하나님임을 강조한다.

종교개혁의 원리로서 이 말의 원래 의미는 마리아 숭배, 성인 숭배, 천사 숭배 등의 형태로 로마 가톨릭교회가 전통으로 받아들이고 또 관습적으로 행했던 여러 종교 의례들을 염두에 둔 것이었다. 영광은 피조물이 아닌 오직 하나님에게서 나오고 또 하나님께만 돌려져야 한다는 말이다. 왜냐하면 여호와만이 참 하나님이시기 때문이며, 그분만이 창조주요 또한 세상의 구주이시기 때문이다. 오직 예수 그리스도만이 유일한 중보자요, 오직 성령만이 구원에 이르기까지 인간을 인도하시는 유일한 하나님이시기 때문이다. 만일 다른 것들에 영광을 돌리면 그것을 신으로 삼는 행위이다. 이것은 명백히 첫 번째와 두 번째 계명을 어기는 일이다. 인간은 하나님의 형상에 따라 만들어진 피조물로서 하나님을 나타내는 존재일 뿐, 하나님에게만 합당한 영광을 받을 존재는 결코 못 된다.

"오직 하나님께만 영광"은 하나님 중심주의 신앙을 대변한다. 그리스도인의 모든 삶과 신앙에서 실천되어야 할 일이다. 이점을 가장 강조한 사람은 칼뱅과 그 후예들이며, 그들은 *vita coram Deo*(하나님 앞에서 사는 삶)의 삶을 통해 실천하였다. 다시 말해서 모든 삶을 하나님 앞에서 살 듯이 그렇게 하면, 오직 하나님께만 영광을 돌리는 삶을 살게 된다는 말이다. 이것을 가장 잘 드러낸 것은 웨스트민스터 소요리 문답 제1문과 이 질문에 대해 주어진 대답이라고 생각한다. 사람의 제1되는 목적을 묻는 말에 대한 대답으로 인간이 마땅히 고백해야 하고 또 실천하도록 노력해야 하는 것은 "하나님을 영화롭게 하는 것과 영원토록 그를 즐거워하는 것"이라고 했다.

사람들이 영광을 하나님께 돌리지 않고 또한 마땅히 하나님께 돌아가야 할 영광을 사람 혹은 우상에게 돌리는 이유는 무엇일까? 로마서에서 사도 바울은 죄로 어두워졌기 때문이라고 했다. 인간은 하나님처럼 되려는 마음에서 자신의 욕망대로 또 자신의 가치관에 따라서만 살려 한다. 그래서 하나님을 마음에 두기를 싫어하며 그 결과 하나님께 영광을 돌리지 않는다. 또한 그 영광을 오히려 사람에게 돌리는 이유는 자기 자신이 영광을 받길 원하기 때문이다. 모든 인간에게 있다는 인정욕구는 이것의 변형된 형태이다. 인간의 죄는 하나님에게 돌아가야 마땅한 영광을 자신이 취하려는 데에서 비롯한다. 하나님이 가장 싫어하는 죄 가운데 하나가 교만인데, 교만은 하나님을 인정하지 않을 뿐 아니라 또한 하나님에게 돌아가야 할 영광을 자신이 취하려고 하는 마음이다. 하나님의 형상으로서 인간이 하나님을 인정하지 않는 것과 또한 자신의 일거수일투족을 통해 하나님의 영광을 나타내지 못하는 것도 큰 잘못이지만, 하나님에게 돌아가야 할 영광을 자신이 취하는 것은 인간의 죄 가운데 가장 나쁜 죄다. 하나님은 헤롯왕이 영광을 하나님께로 돌리지 않자, 그를 벌레에게 먹혀 죽게 했을 정도다(행 12:23). 벌레에 먹혀 죽었다 함은 가장 비참한 죽음을 맛보았다는 의미이다. 모세가 가나안 땅으로 들어가지 못하고 백성들이 들어가는 것을 느보 산에서 멀찍이 바라만 보아야 했던 이유도 그가 하나님의 영광을 드러내지 못했기 때문이라고 했다(민 20:12).

S.D.G에 대한 가장 큰 오해는 교회의 행위가 세상에서 주목받아야 한다는 이유로 성공주의와 번영주의를 교회 행위의 목적으로 삼는 것이다. 세상은 성공한 사람을 주목하지만, 교회는 그렇지 않다. 오히려 교회는 작은 자와 연약한

자 그리고 실패한 자에게 주목해야 한다. 그들이 처한 상황에서 하나님의 형상으로서 인간답게 살 수 있도록 도와야 하며, 이렇게 할 때 비록 성공과 번영을 좇는 사람들은 인정해 주지 않을지 몰라도 하나님은 스스로 참 하나님으로 나타나신다. 그리고 교회의 도움을 받는 사람들은 교회가 섬기는 하나님을 참 하나님으로 인정함으로써 하나님께 영광을 돌리게 된다(마 5:13-16).

하나님의 영광은
세상에서는 비록 화려하지 않지만 가장 화려하고,
세상에서는 비록 두드러져 보이지 않지만 가장 두드러지며,
세상에서는 비록 초라하게 보일지 모르지만
가장 추구할 만한 가치가 있는 것이다.

부록

"그리스도가 우리 안에"

-'개혁', 변화냐 인식이냐?

1. 들어가는 말

이 글에서 필자가 다루려는 내용은 다음의 명제로 정리해 볼 수 있다.

> '개혁'은 교회의 기초, 신앙의 기초, 곧 예수 그리스도를 통해 이루어진 하나님과 인간의 관계에 대한 바른 인식에서 비롯된다. 그리스도를 통해 세워지는 관계의 변화에 대한 인식은 삶의 변화와 분리되지 않는다. 기독교 복음적 의미에서의 개혁은 신앙 및 교회의 기초에 대한

바른 인식과 외형상의 변화는 동시적인 것이기 때문이다.

특히 루터에게서 나타나는 개혁의 의미를 고찰해보는 가운데 이 명제의 정당성을 살펴보고자 한다. 루터의 개혁이 오늘날 정당하게 받아들일 수 있느냐 하는 문제는 다른 문제이고, 이 논문에서는 오직 루터의 개혁의 의미를 밝히는 데에 집중하고자 한다. 이로써 필자는 오늘의 의미에서 개혁의 의미와 방향을 위한 단초를 제안해볼 것이다.

1) '개혁', 세속적 및 기독교적 이해:
변화의 노력, 이상추구, 예방적 조치, 진보

교회 안팎으로 불만족스러운 일들이 많다 보니 흔히들 지금은 '개혁의 시대'라고 말한다. 현실이 원칙에서 너무 많이 벗어나 있다는 판단에서 비롯한 시대 읽기의 결과다. 개혁의 필요성과 요구는 점점 더 강해지고 있다. 그런데 우리가 직면하고 있는 것은 개혁의 외침과 의지와 달리 이렇다 할 변화가 없는 현실뿐이다. 이런 괴리현상을 보는 것이 우리 민족사에서 처음 있는 일은 아니다. 위기를 맞게 되거나 새로운 도약이 필요하다고 생각될 때마다 '개혁'이라는 말은 시대의 유행어가 되었다.

여기에서 말하는 '개혁'은 크게 네 가지 의미로 사용된 것 같다. 첫째, 원칙으로 돌아가자는 것이고, 둘째, 과거의 잘못으로부터 벗어나 새로운 사회를 실현해보자는 것이다. 그러나 그 동안 이 두 가지 의미에서 행해지는 개혁은 만족스럽지 못했다. 셋째, 개혁은 예방적인 조치로 나타난다. 개혁을 외친다고 해서 현실에 있어서 크게 변화되는 것은 없지만, 앞으로는 그런 일들이 다시 일어나지 않도록 해서 결국에는 새로운 사회를 경험하도록 하는 것이다. 끝으로 '개혁'의 의미 가운데는 '점진적인 진보'라는 의미가 담겨있다. 지금보다 더 나아지리라는 기대를 갖고 끊임없이 도전하는 것이다. 목표를 향한 꾸준한 노력을 표현한다.[1] 지금

---

1 19세기의 사회사상을 지배했던 사회적 진화사상은 끊임없는 개발을 통해서 더 나은 사회로의 진보를 꿈꾸었다. 그러나 두 차례에 걸쳐 일어난 세계전쟁과 그로 인해 파괴된 문명의 꿈을 경험해야만 했던 지성인들은 방향을 잃고 새로운 사상을 찾아 방황했다. 허무주의, 실존주의 등은 이러한 혼돈의 세계로부터 나온 사상들이다. 이것으로 인해 진화론적 사회진보사상은 결국 옳지 않음이 판명되었다. 물론 당시 이러한 사상을 바탕으로 천국을 윤리적 이상사회로 여기며 꿈꾸었던 종교사회주의자들도 전쟁을 통해 드러난 인간본성의 진면목에 절망할 수밖에 없었다. 바르트(Karl Barth)가 종교사회주의적 배경에서 과감하게 빠져 나와 현대신학의 한 획을 그을 수 있었던 것

까지 언급한 네 가지 의미와 관련해서 볼 때 교회와 신학교 안에서의 상황 또한 크게 다르지 않다. 2017년은 종교개혁 500주년을 기념하는 뜻 깊은 해이지만, 사실 해마다 종교개혁을 기념하는 날이 되면 그리스도의 법과 정신을 구체화시키자는 의미에서 '개혁'이라는 것에 관심이 집중되었다. 각 교단의 총회 때마다 신학적으로 더 이상 정당화될 수 없는 이유로 사분오열된 교단이 이제는 한 기구 아래 통합되어야 한다고 소리를 높이고 있지만, 실제로 변화되는 것은 없다. 기독교 언론기관으로서 기독교와 세상의 양심을 자처하는 기독교 방송매체들은 이권싸움으로 그 기능을 제대로 수행하지 못한 바 있다. 그 동안 수없이 외쳐진 각종 개혁들을 되돌아보면, 그것들이 단순히 '기독교'의 명분만을 세워주는 일에 불과한 것이 대부분이 아니었나 하는 의구심을 갖게 된다. 더욱 안타까운 일은 그런 결과에 대해 아무런 반성이나 부끄러움도 없이 살아가는 사람들이 지금

은 그가 당시의 신학과 교회를 지배하고 있었던 하나님과 인간의 관계에 대한 새로운 인식을 보여 주었기 때문이었다. '진보'로서의 개혁의 의미가 무너졌음에도 불구하고 이러한 이해가 오늘날에는 과학의 발달을 매개로 해서 부활되는 것 같다. IT산업과 생명과학 및 생명공학의 발달로 인해 인간과 세계, 인간과 하나님에 대한 인식에 있어서 수정을 요구해오고 있기 때문이다.

도 교계와 학계에서 나름대로 큰일들을 계획하며 실행해나가고 있는 사실이다. 뜻있는 사람들의 의지는 경직된 사고를 가진 몇몇 지도자들로 인해 한계에 부딪히고 있다. 개혁의 외침은 계속되어왔고 또 지금까지 계속되고 있지만 변화가 뒤따르지 못하는 이유는 무엇인가?

어찌되었든 교회와 신학계에서 말하는 '개혁' 역시 일반 사회에서와 마찬가지로 부정적인 현실을 극복하기 위해 원칙을 회복하고 또 새로운 시대에 부합된 새로운 현실을 형성해나가며, 앞으로 일어날 수도 있는 잘못들에 대한 경고로서, 또 외형상의 모순과 부조리를 근절하면서 교회와 신학에서의 변화를 추구하면서 한 걸음씩 앞을 향해 나아가는 진보로 이해되고 있음을 확인해 볼 수 있다. '개혁(Reformation)'[2]에 해당되는 개념이 원래 '정치적인 변화' 혹은 '삶의 상황들의 개선'이라는 의미를 포함하고 있기 때문

---

2 오늘날 '개혁'을 의미하는 *reformare*(라틴어)는 μεταμορφοω(그리스어: 변형시키다, 모양을 바꾸다)에서 온 것이다. 이 개념은 2개의 의미를 갖는다. 그 하나는 어떤 상태를 단순히 변화시키는 것을 의미하고, 다른 하나는 더 나은 상태로 개선하는 것을 가리킬 때 사용되었다. 이것이 초대교회 시대에는 *restituere*라는 의미가 추가되었다. 재산을 되돌려주는 것을 의미하는 말이다, 어거스틴은 *reformare*가 하나님의 역사라고 보았는데, 루터 역시 1518년에 기록한 글(WA. TR 4, 232)에서 *officium solius dei*라고 하면서 하나님에게 속한 일이라고 보았다.

이다. 교회의 개혁은 형태의 변화가 아니라 내부의 변화 곧 갱신(Erneuerung)에 가깝다. 지금까지 살펴본 '개혁'의 의미와 관련해서 세속적인 의미와 교회 안에서 주장되고 또 추구되어진 의미가 서로 다르지 않음을 확인해 보면서 이제 문제의 핵심으로 들어가 보도록 하자.

2) '개혁'은 인간의 행위인가, 하나님의 행위인가?

'개혁'의 필요성을 공감하면서 이런 질문들이 제기된다. 개혁의 필요성에 대한 주장은 무엇에 근거하는가? 개혁은 어떻게 시작되는가? 개혁의 주체는 누구인가? 이런 질문들에 직면할 때마다 개혁에 대한 질문은 대개 규범을 묻는 질문으로 바뀌게 된다. 다시 말해서 인간이 주체가 되는 행위를 문제 삼게 되면서, '개혁의 문제'는 시대를 바르게 판단하도록 돕는 '규범을 묻는 질문'으로 탈바꿈되고, 규범은 보통 인간의 이념(이데올로기)이나 이상으로 채워진다. 그래서 사람들은 한편으로 이념에 맞지 않는 결과로 이끄는 원인들을 제거하는데 최선의 노력을 기울이며 개혁을 추진해 나가지만, 결과적으로 개혁에 대한 합의에는 이르지 못한 채 입장 차이만을 확인할 뿐이다. 다른 한편으로 이러한 딜

레마에서 벗어나기 위해 과거에 이미 동의되었고 인정되어 온 규범을 재확인하는 일로 나타나기도 한다. 처음과 너무나 다른 현실을 바라보며 초심으로 돌아가려는 노력이 개혁으로 나타나는 것이다.

이처럼 인간의 행위로써 세대와 세대를 이어가며 계속해서 주장되는 '개혁'은 회복, 개선, 갱신, 정화 등 지금과는 다른 현실을 추구하자는 것이었고, 새로운 시대에 부합하는 모습을 회복해야 한다는 요구였다.[3] 개혁이 이처럼 인간의 행위로 이해되기 때문에 종교개혁을 기념할 때마다 '현실 개혁'이 우리 삶의 중심적인 과제로 느껴지는 것은 부정할 수 없는 사실이다. 여하튼 종교개혁 500주년 기념일을 맞이하면서 오늘 우리 모두가 원하는 것은 오직 한 가지다. 개혁의 정신이 지금 이 땅에서, 교회에서, 그리고 신학교에서 나타나도록 하는 것이다.

개혁에 대한 소망과 함께 제기되는 질문이 있다. 도대체 무엇이 변해야 하고, 또 어떻게 변화되어야 하는 것인가? 개혁을 판단할 만한 기준은 무엇인가? 만일 교회에서 요구

---

3 소위 비판적 합리주의(critical rationalism)는 진리에 대한 성취에 궁극적인 목적을 두면서도 현실에 대한 끊임없는 비판을 통해 사회의 변화를 추구해나가는 사상적 배경을 제공해 주고 있다.

하는 개혁의 의미 역시 진정 인간의 행위에 의해 '새로운 것으로 변화되는 것'을 의미한다면, 세속적인 의미에서 추구하는 개혁과 무엇이 다른가? 루터(Matin Luther, 1483-1546)에게서 발견될 수 있는 '개혁'의 의미가 바로 이러한 '변화'를 말하는 것인가? 아니면 루터는 현실 속에서 숨겨져 있는 하나님의 행위, 이미 성취된 약속에 대한 바른 인식을 추구한 것인가? 부제로 제기된 질문인 "변화냐, 인식이냐?"는 바로 이러한 배경 속에서 제기된 것이다.

500년 전, 즉 1517년 10월 31일은 독일의 신학자 마르틴 루터가 교회에 해를 끼치는 여러 악폐들을 경험하면서 이에 대한 의문점들을 95개 조 반박문의 형태로 기록해 그것을 비텐베르크(Wittenberg) 성 교회 출입문에 붙인 날이다. 장로교 전통의 신학교와 교회는 비록 츠빙글리(Huldrych Zwingli, 1484-1531)와 칼뱅(Johannes Calvin, 1509-1564)에 의해 기초된 개혁주의 전통에 속해 있지만 오늘 같은 날에는 그 기념비적인 날짜로 인해 루터의 종교개혁의 의미를 되새겨보는 것이 바람직하다고 생각한다. 사실 어거스틴(Augustinus, 354-430)의 죄론과 은총론에 큰 영향을 받은 루터 스스로는 '개혁'이 하나님의 행위에 속하는 것이기 때문에 자신의 주장과 행위를 '개혁'이라고 명명하지 않았다. 또 그런 이름으로 루터를 정치나 사회개혁에 이용하려는 일련의 행위들에 대해서도 부정적인 시각을 갖고 있었다.[4] 그럼에도 불구하고 새로운 시대를 꿈꾸며 역사로부터 교훈을 얻고자 하는 많은 사람들에게 있어서 루터는 선구자로 인식되어 왔다. 이것은 루터의 개혁을 오해한 것에서 비롯한 것이고 이 오해를 수정하려는 것이 바로 이 글의 목적이다. 이 글을 통해 필자는 특별히 개혁교회의 본질을 구성하는 '개혁'의 본래적인 뜻이 보다 명확해질 수 있도록 노력해보겠다.

3) '개혁'에 있어서 변화와 인식의 문제

개혁교회 전통에 선 교회들의 경우 '개혁'은 한편으로

---

4 그 이유에 대해서 독일의 본대학 조직신학 교수로서 은퇴한 자우터(Gerhard Sauter, 1935-)는 다음과 같이 설명한다. "왜냐하면 그는 그러한 움직임 속에서 더 나은 세계를 근본으로부터 새롭게 세워 보려는 시도를 확인하게 되었고 그 과정에서 고통을 통해서나마 유지될 수 있는 관계들이 무너지는 일들을 감수해야만 하고 그럼으로써 생명이 파괴될 수 있기 때문이었다. 그는 … 여러 가지 저항 운동과 전복 시도의 배후에 절망이 잠재해 있고, 또 그 가운데 자기 스스로의 동경으로부터 무엇인가를 일으켜 세우고 또 그 과정에서 대부분은 하나님의 뜻을 자신의 동기와 일치시키려는 시도가 내재해 있음을 감지하였다."(자우터, "신앙의 자유 안에서의 행위", 『소망을 위하여』, 최성수 편역, 한들, 2001, 28-43, 39).

교회의 기초에 해당되지만 다른 한편으로 교회의 본질적인 과제에 해당된다. 개혁교회는 개혁을 기반으로 세워졌기 때문에 개혁은 교회가 자기 스스로를 인식하고 성숙해지는 과정에서 추진력이고, 교회가 나아갈 방향을 제시하며, 또한 참 교회됨을 바로 인식하게 하는 원리로 작용한다. 그래서 개혁교회를 가리켜 '끊임없이 개혁되는 교회(*ecclesia reformata semper refomanda est*)'라고 하는 것이다. 개혁교회는 올바른 기초 위에 있고, 세상과의 관계 속에서도 하나이고 거룩하고 보편적이며 사도적인 교회로서의 모습을 잃지 않으며, 또한 예수의 정신으로 새롭게 개혁되기를 주저하지 않는다는 말이다. 엄밀히 말해서 이런 의미의 '개혁'이 종교개혁을 통해 비로소 형성되진 않았다. 기존의 흐름들이 종교개혁을 통해 보다 분명하게 밝혀졌고 또 확실한 근거를 얻게 되었다고 볼 수 있다. 그런데도 우리는 종교개혁의 기본 정신을 루터에게서 발견한다. 왜냐하면 그것은 앞서 언급한 '외형상의 변화'와는 다른 의미에서의 '개혁'이었기 때문이다. 루터는 교회의 외형적인 변화가 아닌 기초, 곧 하나님과 인간의 관계에 대한 새로운 인식으로서 '개혁'의 의미를 보여 주었다. 이것이 루터에게 있어서 얼마나 근본적인가 하는 것은 그가 1532년 시편51편에 대한 강의에서 진정한 의미에서의 신학의 대상은 "죄를 짓고 멸망 받게 된 인간과 (그 인간을) 의롭다고 칭하시고 구원하시는 하나님" (WA 40 II, 328)이라고 본 것에서 확인해 볼 수 있다. 그의 신학은 처음부터 인간과 하나님 인식에 초점이 맞추어져 있었던 것이다. "나는 하나님과 영혼을 인식하고자 한다. 그렇다면 그밖에 다른 것은? 아니, 그 이외에 것에 대해서는 아무런 관심도 없다(Deum et animam scire cupio. Nihilne plus? nihil omnio)."

그러므로 루터의 '개혁'은 '개혁'이라는 이름으로 시도된 기존의 정치적, 사회적, 종교적 노력들과 마땅히 차별되어야만 한다. 사실 루터의 노력이 '개혁(Reformation)'이라고 불린 것은 1688년 예수회 신부인 마임부르크(Maimbourg)가 루터를 비난한 것에 대해 젝켄도르프(V. L. von Seckendorf)가 루터를 방어하는 과정에서 언급한 것이 처음이었다.[5] 루터의 노력이 한참 후에 '개혁'이라 불린 것에 주목할 필요가 있다. 그것은 '개혁'의 의미가 루터 당시에도 아직 분명하게 규정되지 않았다는 말이고, 어거스틴과 마찬가지로 루터마저도 '개혁'을 하나님에 의해서만 일어날 수 있는 일로 생

5 W. Maurer, Art. Reformation, RGG3, 858-874, 862.

각했었기 때문이다. 젝켄도르프가 후에 루터의 노력을 '개혁'이라 일컬은 것은 그가 루터의 '개혁'에서 외형상의 변화가 아닌 본질적인 부분을 발견했기 때문이다. 그것은 교회의 기초, 신앙의 기초, 곧 예수 그리스도에 대한 바른 인식이었다. 예수 그리스도를 통해 나타난 하나님과 인간에 대한 새로운 인식과 그것에 대한 칭의론적 근거가 제시되면서 외형상의 변화는 필연적인 것이 되었고 또 그 과정은 과격하지 않게 자연스럽게 이루어졌다.[6] 이 점을 보다 자세하게 살펴보자.

2. '개혁'은 '신학적'인 사건

'개혁'의 참다운 의미를 생각하려고 할 때 먼저 염두에 둘 두 가지가 있다. 하나는 루터의 종교개혁이 16세기의 시대적 상황에 따른 당연한 귀결은 아니었다는 사실이다. 시대 상황을 전적으로 배제할 수는 없지만 루터의 독립적인 노력이 더욱 결정적이었다. 당시 농민전쟁(Bauernkrieg, 1525)과 같이 잘못된 현실을 개선하려고 추진된 개혁의 움직임

---

6 다음을 참고하라. 게르하르트 자우터, "마르틴 루터의 칭의론", 『소망을 위하여』, 최성수 편역, 247-253, 247.

들이 있었지만 성공하지 못했을 뿐만 아니라, 루터의 동의도 얻지 못했다. 당시 루터의 개혁운동을 천년왕국설에 근거해서 환영했던 사람들도 루터의 이러한 태도에 실망할 수밖에 없었다. 그 결과 루터는 자신의 개혁운동에 있어서 중요한 지지 세력들을 잃는 아픔을 감수해야만 했다. 심지어 정치 사회 종교적인 측면에서 보았을 때 루터의 개혁운동은 "좌절된 혁명가"로 간주될 수 있을 정도였다.[7] 하나님과 인간의 인식이 그의 개혁에 있어서 더욱 결정적이었다는 말이다. 루터의 노력이 성공할 수 있었던 배후에는 그의 철저한 성서연구가 있었다. 루터는 성서-연구를 통해서 하나님의 약속은 세속적인 힘을 통해서 얻어질 수 있는 것이 아니라 오직 하나님의 말씀에 근거하게 될 때 인간들 가운데서 성취된다고 보았다. 다른 하나는 세속적인 의미에서의 개혁운동을 생각해 볼 때 루터가 선구자로 간주될 수는 없다는 사실이다. '개혁'을 이해함에 있어서 차별화가 필요하다는 말이다. 사실 루터 이전에도 로마 가톨릭 교황에 의해 주도되는 정치 경제에 대한 사람들의 불만은 여러 가지로 표현되고 있었다.

---

7 G. Sauter, "Die Wahrnehmung des Menschen bei Martin Luther," in: EvTh, 1983, 489-503, 491.

잉글랜드의 콜렛(John Colet, 1467-1519)[8]과 프랑스의 쟈끄 르페브르 데따풀르(Jacques Lefévre d'Etaples)[9] 그리고 네델란드

8 다음을 참고하라. Thomas M. Lindsay, *A History of the Reformation I*(1906)[이형기, 차종순 역, 『종교개혁사(I)』, 한국장로교 출판사, 1990], 175ff. 런던 시장을 여러 차례 지낸 부유한 상인의 아들로 옥스퍼드에서 태어나 그곳에서 활동했다. 그래서 옥스퍼드 개혁자(Oxfordreformer)로 알려져 있다. 르네상스 분위기로 한창이던 북이탈리아를 방문하고 난 후에 이 여행으로부터 받은 깊은 인상은 그의 삶에 일대 변화를 가져오게 되었다. 콜렛은 성서연구에 전념했고 교부들의 신학자들에 대한 연구를 했다. 그의 성서 연구는 당시의 스콜라주의적 방법을 지양하고 성서 자체에 대한 연구를 하면서 성서 자체의 의미를 발견하려 노력했다. 이러한 노력 속에서 콜렛은 성서는 단순한 교리적인 계시가 아니라 인격적인 계시라는 것을 발견할 수 있었다. 성서연구와 더불어서 그는 당시의 교회의 악습이나 관행들, 예컨대 성직자들의 세속적 욕심과 면죄부 판매, 교회법원의 추문과 악덕, 교회건물의 화려함, 기타 교회 재산을 낭비하는 행위들에 대해 비판하였는데, 특히 시모니(Symony, 성직매매)에 대한 비판의 소리를 높였다.

9 그는 고대 문학을 연구하는 중에 성경에 마음이 끌렸고, 그것을 학생들에게 소개하였다. 신앙과 사랑의 순수한 부흥을 염원한 르페브르는 열심 있는 성도 숭배자였으며, 그는 성도와 순교자들의 역사를 편집해서 교회의 성도전(聖徒傳)을 만들고자 계획하였다. 그 일은 엄청난 노력이 드는 일이었다. 그러나 그 일이 상당히 진척되었을 때에, 성경에서 유력한 도움을 얻을 수 있을 것이라는 생각이 나서 그는 그런 목적으로 성경을 연구하기 시작하였다. 그는 성경에서 많은 성도들을 찾아볼 수 있었으나 물론 로마교의 성도의 목록에 기록된 사람들은 아니었다. 하늘의 빛은 홍수처럼 그의 마음에 넘쳐흘렀다. 그는 놀람과 혐오감에 사로잡혀서 종래에 하던 일을 내어버리고 하나님의 말씀을 연구하는 데 몰두하였다. 그는 거기서 찾은 귀중한 진리를 즉시 가르치기 시작하였다. 르페브르는 비록 종교개혁

의 에라스무스(Desiderius Erasmus, 1466?-1536)와 같은 인문주의자들에 의한 교회비판도 있었다. 이들은 개혁의 필요성과 정당성을 고전연구에 바탕을 두고 역설해 나갔다. 합리적인 관점에 부합한 사회적인 규범을 개혁의 근거와 방향으로 삼은 것이다. 변화를 수용하기 위해서는 스스로를 개혁자들의 비판에 노출시켜야 했기 때문에, 당시의 기득권자였던 교회가 개혁의 뜻을 받아들이는 것은 쉽지 않았다. 이렇게 경직된 교회에 대해서 그들은 교회의 각종 비리와 비합리적인 신학에 대한 비판을 통해서 개혁의지를 펼쳐나갔다. 이처럼 사회 각 분야에서 로마 가톨릭과 신학의 개혁을 요구하는 소리는 계속되고 있었다. 그 가운데 영국의 휘클리프(John Wycliffe, 1330-1384)와 보헤미아의 후스(John Huss,

---

을 이끌지는 않았지만, 1512년, 아직도 루터나 츠빙글리가 개혁 사업에 손을 대기 전에 사도 바울의 서신서를 라틴어로 번역하면서 각주에서 행위는 은총과 떨어져서는 아무런 공로가 없으며, 거룩한 성만찬에는 그리스도의 실재적인 임재가 있으나 화체(Transubstantiation)는 아니라고 주장하였다. 그는 또 구원의 오묘한 이치를 깨닫고 다음과 같이 부르짖었다. "아아, 이 얼마나 말할 수 없이 놀라운 교환이냐? 무죄한 분이 죄인으로 선고를 받고, 죄인이 자유의 몸을 얻게 된다. 축복받은 분이 저주를 받고, 저주를 받은 자가 축복을 받는다. 생명의 임금이 죽고, 죽은 자가 살아난다. 영광의 주께서 암흑 속에 잠기시고 허물과 치욕밖에 알지 못하는 자가 그 얼굴에 영광을 나타내게 된다."

1369-1415)의 개혁은 당시 교회의 가장 큰 위험요소로 여겨졌다. 이들의 견해에 따르면, 구원에 관한 한 지상의 교회는 불필요하고, 오직 신앙과 성서만이 내세의 생을 달성하는 데 주요한 수단이 된다는 것이었기 때문이다. 교회의 부패와 타락의 정도가 극심했기 때문에 이렇게까지 과격한 주장이 제기된 것이었다.

스페인과 프랑스, 그리고 영국은 강력한 정치력을 바탕으로 이미 로마 가톨릭으로부터 벗어나 독자적인 길을 가고 있었지만, 당시 독일은 지방분권이 지나치게 강화됨으로써 상대적으로 중앙집권의 힘을 상실해 외부세력에 대해서 무력할 수밖에 없었다. 그 결과 독일은 주변의 강대국들과는 달리 여전히 로마 가톨릭에 충실하였다. 어떻게 보면 매우 순진한 국민들이었다. 독일의 이러한 상황을 잘 알고 있었던 교황 레오 10세가 베드로 성당 증축[10]을 위한 기금을 모으기 위해 1515년 면죄부(Ablass) 판매령을 재가하

---

10 증축에 대한 결정은 1506년 율리우스 2세(Julius II)가 결정했고, 1514년 레오 10세가 이 결정을 새롭게 강조하였다. 당시에 로마 카톨릭에 충실했던 독일에서도 이 결정에 대해서는 불만족을 표현하였다. 독일인들의 불만에도 불구하고 강행된 면죄부 판매는 독일 민족감정을 심하게 훼손시키는 결과로 이어졌고 이것은 루터의 종교개혁을 지지하는 세력으로 나타나게 되었다.

고 난 후 면죄부는 독일 북부지방에서부터 판매되었다. 면죄부 판매는 신앙이 물량주의로 이해될 수 있다는 것을 말해 주고, 다른 한편으로는 거룩하신 분의 권위가 교회지도자들에 의해 심하게 훼손되었다는 사실을 보여 주는 것이었다. 루터는 신학적인 오류에 기초한 이런 면죄부가 어린 양들에게 미치는 끔찍한 악영향을 직시했다. 그는 1516년 7월 처음으로 면죄부에 대한 의문을 제기하는 설교를 했다. 일련의 설교를 통한 호소에 아무런 반응을 얻지 못한 루터는 일 년 후인 1517년 10월 31일에 95개 조 반박문을 발표하였다. 이를 통해서 루터가 원했던 것은 새로운 교회를 건설하거나, 교황에 의한 정치나 경제적인 측면의 개선을 촉구하는 것이 아니었다. 그것은 독일 지역 내에서 재정조달을 위해서 면죄부를 팔았던 마인쯔(Mainz), 막데부르그(Magdeburg) 대 주교인 알프레히트(Albrecht)의 양심에 호소하는 것이었고, 순전히 면죄부의 효능을 묻는 신학적인 질의와 반박이었다.[11] 반박문 처음에는 그의 이러한 의도가 잘

11 그러나 로마의 재정을 조달하기 위해 신앙을 이용, 성도들을 착취했던 것에 대한 불만을 품었던 당시의 많은 사람들은 루터의 95개 조 반박문을 매우 환영하였다. 그러나 이것은 루터의 의도와는 전혀 맞지 않는 것이었다. 심지어 당시 루터의 강력한 상대자였던 요한 엑크(Johann Eck, 1486-1543)이 루터의 활동을 후스의 개혁 활동과 같

나와 있다. 루터는 자신이 이 반박문을 게재하는 이유를 설명하면서 "진리를 사랑하는 마음과, 진리의 기초를 세우기 위한 노력을 위해"[12] 논점을 제시한다고 말했다. 신학적이라 함은 면죄부 판매를 비롯한 당시 교회의 관행이 잘못된 신학에 기초하고 있었기 때문에 그것에 대해 이의를 제기한 것이었음을 의미한다. 그의 이런 태도가 2년 후에는 "면죄부는 로마[가톨릭]의 가식적 행위로서 전혀 무용한 것이다(WA 6, 497)."라고 비판했을 정도다. 개혁의 처음은 이렇게 시작되었고 그것은 잘못된 현상을 일으킨 원인으로 잘못된 신학을 비판한 것이었다. 곧 개혁의 단초는 올바른 신학적 인식에 있었다. 이 사실을 다음에서 더 살펴보자.

3. 루터의 칭의 사건 이해

1) 신학적 인식

내가 복음을 부끄러워하지 아니하노니 이 복음은 모든

은 것으로 취급했을 때 루터는 이에 대해 전면 부정했다.

12 "Aus Liebe zur Wahrheit und in dem Bestreben, diese zu ergründen…"

믿는 자에게 구원을 주시는 하나님의 능력이 됨이라 먼저는 유대인에게요 그리고 헬라인에게로다 복음에는 하나님의 의가 나타나서 믿음으로 믿음에 이르게 하나니 기록된바 오직 의인은 믿음으로 말미암아 살리라 함과 같으니라(롬 1:16-17, 참고; 갈 2:16-21).

이 말씀은 "보라 그의 마음은 교만하며 그 속에서 정직하지 못하나 의인은 그의 믿음으로 말미암아 살리라"는 하박국 2장 4절을 인용한 것이다. 이 말씀에 근거한 사도 바울의 의인사상은 로마서 3장 28절, 갈라디아서 2장 16절과 3장 11절에도 기록되어 있다. '개혁'의 참다운 의미를 바로 이해하기 위해서는 종교개혁의 근거가 된 이 본문을 루터가 어떻게 이해했는지 아는 것이 중요하다. 루터는 이 말씀을 새롭게 깨닫고 받은 감동을 회고하며 1545년에 다음과 같이 말했다.

"… 내가, 하나님의 의와 그리고 '믿음으로 의롭다하심을 받은 사람은 살 것이다.'라는 말씀 사이에 관련이 있음을 알 때까지 나는 밤낮으로 생각해야만 했다. 그 때 은총과 완전한 사랑을 통해 하나님은 믿음을 가진 우리를 의롭다고 인정하시는데 바로 그것이 하나님의 정의라는 것을 알게 되었다. … 그래서 나는 나 자신이 새롭게 거듭나고 천국으로 열린 문을 통과하는 듯한 느낌을 가질 수 있었다."[13]

이 체험은 흔히 Turmererlebnis라고 불린다. 직역하면 '탑 체험'인데, 루터가 연구하며 보냈던 방이 비텐베르크 수도원 탑에 위치했던 관계로 이렇게 불려졌다. 하나님의 행위에 대한 인식의 변화는 루터로 하여금 새롭게 태어나고 심지어 천국의 열쇠를 얻은 것 같은 느낌을 갖게 만들었다. 새로운 인식은 새로운 경험을 가능하게 했다.[14] 그는 바로 이러한 인식에 근거해서 당시 교회의 신학에 있어서 근본

---

13 Luther, WA 54, 185-186.

14 린제이는 "종교개혁의 시작은 이론이 아니고 경험이었다."(Thomas M. Lindsay, *A History of the Reformation*, 『종교개혁사(I)』, 한국장로교출판사, 1990, 441)라고 말하면서 마르틴 루터의 개혁을 경험에서 비롯된 것으로 보았는데, 그것은 인식과 경험의 상관관계를 잘못 짚은 것이다(다음을 참고하라. George A. Lindbeck, *Christliche Lehre als Grammatik des Glaubens*, Gütersloh 1994, 52ff). 루터는 자신의 칭의적 사건에 대한 경험 이전에 먼저 스콜라 신학과 철학에 기초한 자신의 경험에 의문을 갖게 되었고, 그 의문은 하나님의 의에 대한 인식을 통해 해결되면서 비로소 하나님을 새롭게, 즉 칭의 믿음에 따른 경험을 할 수 있게 된 것이다.

적인 잘못을 보았다. 루터에게 있어서 인간의 선한 행위는 우리 안에 계신 그리스도를 통해서(빌 1:6 "너희 안에서 착한 일을 시작하신 이가 그리스도 예수의 날까지 이루실 줄을 우리는 확신하노라.") 새로운 것을 창조하시는 하나님의 의에 따른 결과이다. 하나님의 의는 성령의 인도하심에 따르는 순종의 삶 속에서 그리고 이웃 사랑의 삶, 곧 종의 삶 속에서 보다 분명하게 드러날 뿐만 아니라 또한 새로운 믿음을 창조해 나간다 함이다.

인식 자체가 동기가 되었다면 특별히 루터로 하여금 구체적인 제도의 변화로까지 이끌어 가도록 한 인식의 변화는 무엇인가? 교회와 전통에 대한 믿음으로부터 하나님에 대한 믿음으로의 변화였다. 교회가 가르침의 중심이 되고, 교회의 전통이 성서보다 우위에 서고 교회의 판단과 구원에 자신을 내맡기는 신앙으로부터 은혜로운 하나님의 판단에 자신을 내맡기는 신앙으로의 전환이었다. 구체적으로 살펴보면 다음과 같이 몇 가지로 정리해 볼 수 있다.

먼저 루터에게 있어서 하나님 인식은 두 가지 의미로 이해된다. 하나는 실존적 인식에 가까운 것으로 십자가를 통한 인식이다. 이것은 인간이 십자가를 만남으로써, 곧 예수 그리스도를 통해 나타나신 하나님을 인격적으로 만나게 되고, 자신을 죄인으로 인식함으로써 하나님을 용서와 구원의 하나님으로 인식하게 된다 함이다. 이런 인식은 믿음을 통한 인식으로 삼위일체, 예수 그리스도의 두 개의 본성, 성찬식에서 그리스도의 임재 등을 알도록 한다. 인간이 스스로를 하나님의 행위에 노출시킬 때 얻어지는 것으로 믿음을 통한 인식으로 하나님을 고백할 수 있게 된다.

또 다른 인식은 이성에 의한 인식이다. 스콜라 철학적 전통에 따르는 인식으로는 하나님의 존재나 선, 은혜, 자비와 같은 그의 속성들, 세상의 근원자라는 것, 하나님의 공의와 그의 계명들 가운데 일부를 알 수 있게 한다.[15] 그러나 이성에 의한 인식으로는 하나님을 고백할 수 없다고 본다. 이성은 본성적으로 자기중심적이고 또 하나님으로부터 독립되려는 경향을 가지고 있기 때문이다. 그렇다고 해서 루터가 신학에 있어서 이성을 배제하거나 간과한 것은 결코 아니다. 이성은 앞서 언급한 자연신론적인 지식 이외에 믿음에 의해 얻어진 지식에 대해서 숙고하는 기능을 갖는다고 보았다. 루터의 전환을 가능하게 한 신학적인 인식의 내용은 다음 몇 가지로 정리해 볼 수 있다.

---

15 다음을 참조하라. Luhter, WA 19, 206.

첫째, 인간에게 은혜로 경험되는 '하나님의 능력'에 대한 바른 이해였다. 하나님의 능력은 바로 온 세계로 말씀을 선포하게 하시는 성령의 권능이고(행 1:8), 위로부터 오는 능력(눅 24:49)으로 모든 피조물이 마땅히 기다려야 할 대상이고, 또 처녀에게서 아이가 태어나게 하는 지극히 높으신 자의 능력(눅 1:35)이다. 루터는 '하나님의 능력'을 인간의 능력과 구별했다. 인간의 능력이 얼마나 무능한지를 루터는 예수의 십자가 사건에서 확인할 수 있다고 본다. "사람의 구원은 헛됨이니이다."라고 고백하는 시편 60편 11절을 인용하며, 어떤 인간에게도 스스로 구원할 만한 능력은 없다고 보았다. 동시에 루터에게 십자가에서 발견한 하나님의 능력은 은폐된 하나님의 능력이었고 또한 복음의 능력이었다. 복음은 성령의 능력으로 이해되었다. 복음은 오직 그것을 믿고 순종하는 자들에게 그 능력이 나타나고 또 입증되는 것이기에, 복음을 믿는 자들은 세상적으로 약하고 어리석게 보일 수밖에 없다고 말했다. 그리고 "하나님의 의가 나타났다(계시되었다, *apokalyptetei* 완료형)."는 말은 감추어졌던 하나님의 의(*iustitia Dei*)가 그 모습을 드러냈다는 것을 말하는데, 이것을 루터는, 예수 이전에는 사람들이 자기 스스로에 의해서 의에 이를 수 있다고 믿은 것에 반해, 예수 그리스도 이후에는 인간이 그를 믿음으로써 의를 선물로 받을 수 있게 된 것이라고 이해했다.

둘째, 인식에 대한 근거이다. 루터는 자신의 깨달음을 당시 스콜라 신학이나 철학에 근거하지 않았다. 오히려 그는 자신의 깨달음에 대한 기초를 오직 성경에서 발견하려고 노력했다. 물론 어거스틴의 죄론과 은총론이 그의 사상 형성에 지대한 영향을 미친 것은 사실이지만, 루터는 어떠한 사상가의 견해로부터 근거 지으려는 노력을 하지 않고 오직 성경에서 근거를 발견하고자 했다. 이런 노력은 당시 스콜라 철학과 신학이 아리스토텔레스(Aristoteles)와 토마스(Thomas von Aquinas, 1225/26-1274)에게서 근거를 발견하려고 했던 것과 매우 대조되는 것이었다. 성경에 기초한 사상은 결국 새로운 신학적인 인식을 가능하게 했고 개신교의 탄생으로 이어지게 했다.

셋째는 하나님의 의를 새롭게 이해하게 된 것이다. 당시의 스콜라 신학에 따르면 하나님의 의는 심판을 위한 의였다. 심판의 기준으로 이해되었기 때문에 심판에서 살아남기 위해 모든 인간은 선한 행위를 통해서 하나님의 의를 충족시켜야 했다. 그러나 루터는 인격과 행위를 구분해서 오히려 선한 인간이 선한 행위를 할 수 있다고 보았다.[16] 그러므로 인간은 먼저 하나님의 의에 의해서 의롭게 되어야 한다고 생각한 것이다. 다시 말해서 하나님의 의를 심판하는 의로서가 아니라 죄인인 인간을 의롭게 만드는 의로 이해한 것이다. 하나님의 의는 믿음을 창조할 뿐 아니라 새로운 인간을 창조한다고 보았다. 하나님은 당신의 이러한 사역이 예수 그리스도를 통해서 완성되었다고 보고 또한 예수 그리스도를 통해서 인간을 보기 때문에 그를 믿고 그 안에 있는 사람들을(요 14:20, 15:7) 더 이상 죄인이 아니라 의인으로 본다는 것이다. 그리고 이것을 '구원의 유일한 근거(der Grund des Heils)'이자 또한 하나님의 신실한 약속으로 이해했다. 그래서 그는 잘 알려진 바 인간에 대한 유명한 말을 하였는데, 이 땅 위에 살아가는 신앙인은 죄인이면서 동시에 의인이라는 것이다(*simul iustus et peccator*). 죄인일 수밖에 없지만, 하나님의 구원의 약속에 근거해서 의인으로 인정받았다 함이다. 믿음은 이것이 참임을 인정하는 것이고 그런 약속을 주신 하나님을 신뢰하는 것이다. 단순히 지적인 동

16 Luther, WA 7,32, 4-7.

의가 아니라 그것을 느끼는 가운데 삶의 변화가 나타나는 그런 것이 바로 참 믿음이라는 것이다. 믿음의 신뢰란 지적인 동의와 삶의 변화가 동시에 나타나야 비로소 효력을 발생한다. 루터는 이 믿음을 통해서 하나님의 약속이 우리의 것이 된다고 보았다. 스콜라 신학에서 생각했던 하나님의 심판하시는 의와는 전혀 다른 것이었다.

루터가 이해하는 하나님의 의는 이중적인 것이었다. 하나는 그리스도의 의, 곧 우리 밖의 낯선 것으로서(*justitia aliena*) 세례나 혹은 회개의 순간에 외부로부터 그리스도 안에 있는 모든 사람들에게 부어진다. 이것은 보는 관점에 따라서 두 가지로 불린다. 하나님으로부터 받는다는 의미에서 보통은 '수동적인 의(*justitia passiva*)'라고 한다. 루터의 이해에 따르면, 이런 의는 이미 아브라함에게 약속되었다(창 12:3, 22:18, 사 9:5). 이방인들은 예수 그리스도에 대한 믿음으로 약속에 참여한다(롬 8:32). 왜냐하면 예수 그리스도의 모든 사역과 그의 고난과 죽음 그리고 부활은 바로 그를 믿는 모든 사람들을 위한 것이기 때문이다. 루터는 이것을 다음과 같이 말했다.

"그러므로 그리스도에 대한 믿음을 통해서 그리스도의

의는 우리의 의가 되고 그의 모든 것은, 심지어 그 자신이 우리 것이 된다."

하나님의 의, 그리스도의 의는 우리들의 어떠한 행위도 요구하지 않고 오직 은혜를 통해서만 우리들에게 부어진다. 하나님이 적극적으로 주신다는 의미에서 우리는 이것을 하나님의 '능동적인 의(*justitia activa*)'라 부른다. 심판자로서 하나님의 판단은 구원하는 힘이 있다. 왜냐하면 바로 이 판단 속에는 인간들의 수고를 헛되게 하지 않는 하나님의 인자하심이 나타나 있기 때문이다. 예수 그리스도를 통해서 자신을 드러내신 하나님을 참 하나님으로 고백하고 또 말과 생각으로 하나님을 옳다고 인정하는 사람은 하나님을 그 어떤 공격에도 무너지지 않는 강한 성으로 고백할 수 있으며(찬송가 384장 "내주는 강한 성이요"), 또한 이러한 은혜 속에 자신을 숨겨서 마침내 구원을 받는다.

다른 하나는 우리 자신의 의다. 우리 자신에 의해서 형성되는 것이라는 의미가 아닌 하나님의 의에 근거해서 작용하는 의라는 의미에서 이해된다. 이 의는 육체의 온갖 정욕을 죽이고 이웃에 대한 사랑, 그리고 하나님을 경외하며 그 앞에 겸손히 행한다는 점에서 하나님의 의의 결실이다(갈

5:22). 다시 말해서 우리 자신의 의란 하나님을 경외하고 이웃을 사랑하는데 있고, 또 그것은 하나님의 의가 인간에게서 나타나고 또 인간을 통해서 나타난 결실이다. 이것은 행함으로 하나님을 옳다고 인정하는 행위이다. 달리 말한다면, 예수 그리스도를 신뢰하고 그를 모범으로 삼아 그를 따른다는 것이다. 하나님께 죽기까지 순종하고 이웃을 위해 헌신한 그리스도를 인간이 자신의 삶 가운데 드러냄으로써 하나님의 의는 인간의 선한 행위 속에서 완성된다는 것이다. 이것은 인간의 선한 행위를 통해서 인간의 선한 본질을 회복할 수 있다고 보면서 하나님의 의에 이르려 하는 것(Werkgerechtigkeit)과 또 하나님보다는 오히려 인간의 능력을 신뢰했던 당시의 생각과는 전혀 반대되는 것이었다. 루터는 행위를 통해 하나님의 의에 이르려 하는 사람들을 향해 "내 힘만 의지 할 때는 패할 수밖에 없도다"(찬송가 384장 2절)라고 외쳤다.

하나님의 의에 대한 루터의 신학적 발견을 정리해 보자.

일찍이 다윗은 "주의 눈 앞에는 의로운 인생이 하나도 없나이다(시 143:2)."라고 고백했다. 모든 인간은 하나님에게서 오는 은혜를 필요로 한다는 말이다. 하나님 앞에 의로운 사람은 하나도 없다는 인식이 사도 바울에게 와서는 선한 행위가 하나님의 의를 이룰 수 없다고 표현되었고, 루터는 이것을 '하나님 앞에서 그 효력을 갖는 의'로 이해했다. 이 의를 믿는 믿음이야말로 하나님이 인간을 의롭게 만들고 하나님을 신뢰하게 하며 또한 그리스도를 통해 끊임없이 인류를 구원하려고 애쓰고 계시다는 것을 인정하는 것임을 루터는 깨달았다. 하나님의 의를 심판의 근거이자, 또 판단 기준으로 사용했던 스콜라 신학을 생각한다면, 하나님을 죄인을 의롭다고 판단하시는 분이라고 보는 루터의 칭의 사상은 하나님의 의를 은혜로 인식하는 안목을 열어 주었다. 인식의 확장이라고도 말할 수 있고, 혹은 새로운 인식의 안목을 열어 주었다고도 볼 수 있을 뿐만 아니라, 토마스 쿤(Thomas Kuhn)의 용어를 빌리면, 패러다임 전이를 이룬 것과 관련해, 우리는 그의 노력을 '개혁'이라고 말한다.

루터는 자신의 발견에 대한 근거를 칭의론으로 다져나갔다. 다시 말해, 루터에게 있어서 '개혁'의 본질은 제도의 변화나 행위의 변화와 같은 겉모습의 변화에 있지 않았다. 결과적으로 그것이 나타나기는 했지만, 본질은 판단의 주체와 기준이 사람에게서 하나님에게로 옮겨졌다는 것에 있었다. 사람에게서 하나님에게로 옮겨졌다는 것을 인정했을 뿐만 아니라 마음 속 깊이 느끼는 경험을 했을 때, 그것은 하나님의 은혜로 고백되었고 이 고백에 기초했을 때 현실적인 장해물이 신학적으로 분명하게 인식될 수 있었다. 이러한 인식에 바탕을 두고 이루어진 조직과 제도의 정비를 통해 마침내 로마 가톨릭과는 다른 형태의 개신교가 태어나게 되었다. 스콜라 신학적인 의화론에 반하는 칭의론을 바탕으로 루터는 신학을 새롭게 구성할 수 있었다. 신앙인들의 삶의 방향을 정해 주고 또 교회의 구조화된 제도에 대해 강력하게 비판할 수 있었다. 다른 한편으로는 에라스무스와 같은 인본주의자와 칼슈타트(Andreas Rudolf Bodenstein von KarlstA.D.t, 1486-1541), 뮌처(Thomas Müntzer, 1490?-1525), 재세례파(Wiedertäufer)와 같은 열광주의자(Schwärmer)들, 그리고 가톨릭의 공격에 대한 방어에서 그는 자신의 생각을 보다 구체적으로 정리하게 되었고 또한 제도의 개혁을 추진할 필요를 강하게 느꼈다.

루터의 개혁을 생각하는 사람들은 이것을 명심해야 한다. '종교개혁'을 모델로 삼아 변화를 위한 개혁의 의지를 드높이고 강조한다 해도 만일 하나님의 의롭다하시는 판단을 도외시하고 오직 인간의 기준인 규범만으로 현실을 비판하며 변화를 모색한다면, 이는 당시에 루터의 뜻에 따라 열정을 불태웠지만, 오히려 루터의 개혁의지를 희석시켜 루터 자신마저 경계하고 비판해야만 했던 인본주의자들이나 열광주의자들과 다를 바가 없다. 루터에게 개혁은 먼저 하나님을 바로 인식함으로써 주체와 중심이 옮겨지는 것으로부터 시작되는 것이었다. 다시 말해서 속사람의 변화, 곧 내 안에 내 자아, 나의 이상, 나의 규범이 아니라, 그리스도가 내 안에, 우리 안에 있다는 인식이 선행되어야 할 것을 시사한다. 우리가 예수 그리스도를 믿는 순간 우리는 없고 그리스도가 우리 안에 계시다는 사실을 인정하고 그것을 삶 속에서 발견할 수 있을 때 외형상의 변화, 제도의 변화, 윤리와 도덕에서의 변화는 결과로서 나타난다 함이다. 곧 사람의 변화가 행위의 변화로 이어진다는 주장이었다.

그렇다면 루터에게 있어서 칭의 사건에 대한 신학적으로 바른 인식은 어떠한 실천적 이해와 결과를 가져왔을까? 루터의 저서에서 제안되고 또 주장된 일련의 개혁의 조치들과 신학적인 근거와의 관계가 분명하게 밝혀질 경우 우리는 그의 개혁에 있어서 인식과 변화의 관계를 확인해 볼 수 있게 될 것이다. 그러나 이곳에서는 루터의 종교개혁에 있어서 가장 중요하게 여겨지는 세 개의 논문에 제한하도록 하겠다.

2) 칭의 사건에 대한 실천적 이해, 그리고 신학적 근거지음(인식)과의 관계

루터는 하나님의 칭의적인 행위, 곧 은혜에 대한 인식에만 머무르지 않았다. 행위에 대한 강조를 결코 간과하지 않은 것이다. 예컨대, 1535년에 행해진 논쟁(Disputation "*De fide*")에서 루터는 다음과 같이 말했다.

> "만일 선한 행위가 뒤따르지 않을 경우 그리스도가 주시는 믿음이 우리 마음 안에 거하지 않을 뿐만 아니라, 그것은 살아있다고 말할 수 없는 믿음임에 분명하다."[17]

다시 말해서 이 말은 하나님의 은혜가 헛되지 않았다는 것을 보여 주며 또한 이런 의미에서 선한 행위는 구원의 확신을 갖는 데에 있어서 크게 기여할 수 있다 함이다.[18] 루터는 불로부터 불타는 것과 빛들이 분리되어질 수 없듯이 그렇게 행위와 믿음이 서로 분리될 수 없다고 말

---

17 Luther, WA39 I, 46.

18 Luther, WA39 I,114, 28-30.

했다.[19] 그래서 하나님의 행위에 대한 바른 인식을 바탕으로 루터는 인간과 제도의 변화를 위한 세 개의 글을 집필했는데, "An den christlichen A.D.el deutscher Nation von des christlichen Standes Besserung"(독일 국가의 그리스도인 귀족들에게 기독교적 신분의 개선에 대하여, 8월, WA 6, 407-415), "De captivitate Babylonica Ecclesiae Praeludium"(교회의 바빌론 유폐에 대하여, 10월, WA 6, 497-573) 그리고 "Von der Freiheit eines Christenmenschen"(그리스도인의 자유에 대하여, 11월, WA 7, 20-38)이다. 이 글들은 1520년 종교 개혁사에서 기념비적이면서도 실천적인 측면이 강조된 글이었다. 이 글들에서 볼 수 있듯이, 루터는 개혁의 실천적 근거를 자신이 새롭게 인식하게 된 하나님의 의와 그로 인해 그리스도 안에 있게 된 모든 인간이 하나님과 은혜 계약에 있게 된다는 점에서 발견했다. 실천적인 측면에서의 변화는 하나님의 의에 대한 새로운 발견과 그에 근거한 신학적 비판과 더불어 일어난 것이었다. 그러므로 개혁의 실천적 측면을 고려해 볼 때, 그것은 하나님과 인간의 관계에 대한 새로운 인식의 후폭풍에 불과한 것이었다.

---

19 Luther, 참고: WA DB 8-10.

실천적인 측면에서의 개혁의 내용은 주로 “독일 국가의 그리스도인 귀족들에게 기독교적 신분의 개선에 대하여”에서 나타나고 있는데, 이 글에서 루터는 로마 가톨릭이 매우 교묘한 방법으로 여리고에 비유될 수 있는 벽을 쌓아놓고 그 안에 안주함으로써 개혁이라는 것이 도대체 불가능하도록 만들어, 결국에는 스스로 위험한 상태에 처하게 되었다고 비판했다.[20] 세 가지 벽이란 교권과 정치권의 관계에서 영적인 것이 세상적인 것에 우위에 있다는 것, 오직 교황만이 성경에 대해 오류 없이 해석할 수 있다는 생각, 오직 교황만이 적법한 공의회를 소집할 수 있다는 생각이다. 이러한 비판에 이어서 교황제도에 대한 개혁, 독일의 정치와 교회문제에 있어서 로마의 간섭으로부터 독립, 신앙적 삶과 세속적 삶에 있어서 개혁 등과 같은 일련의 조치들이 이어졌다. 세 번째 벽에 대한 비판을 제외한다면, 처음 두개의 비판에 대한 근거로서 루터는 ‘만인제사직론’을 포함해서 관련된 성경구절을 제시하였다. “모든 그리스도인들은 진정으로 영적인 상태에 속해 있고 서로에 대해 아무런 차이

20 Luther, WA 6, 406.

를 갖지 않는다."[21]라고 말하고 있는 만인제사직론은 베드로전서 2장 9절, 요한계시록 5장 10절에 근거하고 있는데, 이러한 근거를 제시할 수 있었던 것은 하나님과 인간의 관계에 있어서 그리스도의 사역을 통해 이루어진 것이 성직자나 평신도나 동일하게 적용될 수 있다는 인식을 바탕으로 한 것임은 이미 잘 알려진 사실이다. 두 번째 벽에 대한 비판에 대한 근거를 루터는 성경 안에서 발견했다. 만인제사장적인 신분을 드러내는 것 이외에, 특히 고린도전서 14장 30절, 요한복음 6장 45절을 인용했는데, 루터는 이를 통해서 모든 사람들은 믿음을 바탕으로 성경을 듣거나 읽음으로써 하나님으로부터 가르침을 받는 것이라고 말했다.[22]

"교회의 바빌론 유폐에 대하여"에서 당시 교회에서 실행되고 있었던 7개의 성례에 대해 행해진 비판 역시, 아무리 사제라고 하더라도 인간인 그들의 행위로 인해 하나님의 은혜가 내려질 수 없다는 기본적인 생각에서 비롯되었고, 또한 성경에 근거할 때 오직 세례와 성찬만이 성사로 인정될 수 있음을 주장했다. 더욱이 성례에 있어서 믿음은

21 Luther, WA 6, 407.

22 Luther, WA 6, 411-412.

사제의 행위보다 더욱 중요하다고 말했다.[23] 두 가지 성례만을 인정한 것도[24] 오직 그리스도만이 제정할 수 있는 권한을 가지고 있다는 이유에 근거하고 있을 뿐만 아니라 성례 안에는 약속이 포함되어 있는 것이라고 생각했기 때문이다.[25]

"기독교인의 자유에 관하여"는 루터와 로마 가톨릭과의 화해를 위해 노력한 밀티쯔(Karl von Miltitz)의 권고로 집필되었다. 이 글에서 루터는 변증법적인 이중명제로 시작하고 있는데, 다음과 같다[26]: "그리스도인은 모든 만물을 가장 자유로운 주이며 그 어떤 무엇에게도 종속되어 있지 않다", "그리스도인은 모든 만물의 가장 기꺼이 섬기고 있는 종이며 모든 만물에 종속되어 있다." 이 두 개의 명제는 고린도전서 9장 19절[27]과 로마서 13장 8절[28]에서 명백하게 나타나

---

23 Luther, WA 6, 534.

24 Luther, WA 6, 572.

25 Luther, WA 6, 518

26 WA 7, 21: "Ein Christenmensch ist ein freier Herr über alle Dinge und niemand untertan. Ein Christenmensch ist ein dienstbarer Knecht aller Dinge und jedermann untertan"

27 "내가 모든 사람에게 자유로우나 스스로 모든 사람에게 종이 된 것은 더 많은 사람을 얻고자 함이라."

28 "피차 사랑의 빚 외에는 아무에게든지 아무 빚도 지지 말라 남을 사

있다고 보면서, 이중명제를 먼저는 하나님의 의와 예수 그리스도를 통해 주어진 인간의 자유에 근거 지었다. 그리고 사도 바울에 따라 인간의 두 가지 본성(영적, 육적 인간)과 상호 간에 미치는 영향력에 대해 고려하면서, 루터는 말씀을 통해 형성된 인간, 그리스도 안에 있는 내적인 인간, 하나님에 의해서 선물로 주어진 것들을 통해서 인간은 비로소 경건하게 될 뿐만 아니라 참 자유를 얻게 된다고 보았다.[29] 이것을 믿음만이 인간을 경건하게 한다는 것과 동일하게 보았다. 그러므로 그리스도인들이 마땅히 해야 할 유일한 행위는 말씀을 듣고, 자기 안에 계신 그리스도를 인정하면서 끊임없이 믿음을 연습하며 강화시키는 것이라고 말하면서[30], 이는 "어떠한 행위도 믿음처럼 하나님의 말씀을 따르지 않고 또한 영혼 안에 있을 수 없으며, 오직 말씀과 믿음만이 영혼 안에서 다스린다."[31]고 생각했기 때문이다.

앞서 말한 바와 같이 루터는 하나님의 의를 "우리 안에

랑하는 자는 율법을 다 이루었느니라."

29 WA 7, 21-23.

30 WA 6, 23.

31 WA 6, 24.

계시는 그리스도"로 깨닫게 되었다. 그리스도가 우리 안에 오심으로 중심은 이제 내가 아니라 그리스도이다. 달리 표현해 본다면, 겉 사람이 아니라 우리의 속사람이 바뀐다는 의미이다. 내가 없어진다는 말이다. 나를 비움, 그리고 판단의 주체가 하나님이 된다는 것, 이것이 바로 실천적인 의미에서 개혁을 뒷받침한 것이었다. 인식과 동시에 나타나는 이런 내적인 변화가 하나님에 의해서 이루어지는 것임을 발견함으로써 루터는 과감하게 가톨릭교회의 미사를 포기할 수 있었고 또한 성도 각자가 직접 하나님 앞에 제사장이 된다는 만인제사직을 주장할 수 있었다.

이제는 루터가 새롭게 발견한 내용이기도 하면서 이 글의 주제에 해당하는 "그리스도가 우린 안에"가 오늘 우리에게 어떠한 의미를 갖는지에 대해 살펴보자.

4. "그리스도가 우리 안에"

새롭게 발견되고 또 개혁을 통해서 그 의미가 더욱 분명해진 하나님의 의에 대한 인식은 오늘 우리에게 무엇을 의미하는가? 곧 개혁을 염원하면서 우리에게 먼저 있어야 할 인식의 변화는 무엇일까? 이 질문은 루터 개혁의 단초가 신학적인 인식에 있었다는 사실이 개혁을 모색하는 오늘 우리에게 어떤 의미가 있는지를 묻는 것일 뿐이다. 다시 말해서 신학적인 인식 자체와 그 후에 전개되는 종교개혁 과정이 정당했다는 판단을 전제하지 않음을 밝힌다.

오늘 우리에게 필요한 것이 진정 시대에 대한 올바른 분별력과 비판의식, 그리고 변화시키려는 의지라고 한다면, 만일 그래서 종교개혁 500주년을 기념하면서 개혁의 의미를 돌아보는 것이 매우 중요했다고 생각되었다면, 필자는 무엇보다 중요한 것은 먼저 이 시대에 이루어놓으시고 또 이루어나가시는 하나님의 공적과 사역을 인정하고 그것이 나타나기를 기대하며 소망하는 것이라고 생각한다. 그 기초 위에 서있을 수 있기 위함이다. 예수 그리스도를 통해서 완성된 것, 그를 통해서 우리에게 약속된 모든 것, 생명, 평화, 자유, 사랑, 기쁨, 구원, 하나님 나라 등, 하나님의 모든 약속들이 오늘날에도 유효하기 때문이다. 이것들은 예수 그리스도 안에서 이미 이루어졌지만 오늘 우리에게는 하나님의 약속으로 이해되고 있다. 그러므로 오늘 우리에게 중요한 것은 그리스도를 우리 밖에서가 아니라 우리 안에서 발견하고 그를 범사에 주님으로 인정하는 것이다. 우리 속사람의 변화를 종말론적인 지평 속에서 지금 경험할 수 있을 때, 세상은 새롭게 또 바르게 인지된다. 다시 말해서 우리와 함께 계시고 우리 가운데 거처를 삼으신 그분을 먼저 인정하는 것이 개혁의 첫걸음이다. 경험하는 것이 중요하지만, 그렇지 못할 경우 소망 가운데서 볼 수 있는 것으로 족하다. 그렇지 않으면 하나님 나라는 다만 객관적인 정보로 전락한다. 이런 지식은 삶을 결코 변화시키지 못한다고 루터는 보았다. 그리스도가 우리 안에 오시고, 우리가 그리스도 안에 있게 될 때 하나님을 바로 알게 되고 또 새로운 세계를 볼 수 있다는 것이다. 그때 비로소 하나님 나라를 향유할 수 있으며, 이때 비로소 먼저 내가 변하게 되며 또한 나의 주변이 변화할 수 있는 확실한 근거를 얻는다. 그리스도 안에 있다 함은 지금 현존해 있는, 그러나 장차 나타날 새 하늘과 새 땅에 들어가 있음을 의미하기 때문이다. 이미 기초가 세워져 있음에도 불구하고 그것을 인식하거나 인정하려는 노력을 기울이지 않고 외형적인 변화에만 집착하게 될 때 개혁은 말잔치와 거품으로만 끝나게 될 뿐이다.

그렇다면 그리스도가 우리 안에 있다는 사실을 우리가 알고 인정할 때 우리에게 무엇이 일어날까? 첫째, 하나님의 의에 대한 인식, 즉 중심의 변화에 대한 인식을 통해 하나님에 대한 잘못된 이해가 수정된다. 하나님과 인간의 관계가 새롭게 정립된다. 율법의 질서로부터 은혜의 질서로 옮겨진다. 다시 말해서, 하나님은 장차 우리를 심판하실 분이지만, 예수 그리스도를 통해서 계시되신 분은 무엇보다 우리를 사랑하시고, 우리 안에 거처를 가지시고, 우리를 위로하시며, 우리의 과거를 묻지 않으시고 우리의 죄를 용서하실 뿐만 아니라, 또한 구원과 생명을 약속하신 분이다. 심판하시되 우리를 살리시기를 원하시는 분이다. '그리스도가 우리 안에' 계시다 함은 우리 인간들이 바로 이런 하나님의 은혜 속에서 관계를 맺고 살아간다는 것을 말한다.

둘째, 하나님의 의에 대한 인식은 바로 인간의 정체성에 대한 새로운 생각을 가능하게 한다. 인간은 자기 자신의 노력과 기대를 통해서가 아닌, 오직 하나님의 판단을 통해서만 새롭게 되고 또 의롭게 된다. 하나님의 최종적인 판단은 마지막 날에 있을 것이다. 그렇다면 죄인이자 또한 의인으로서 아직 완전하지 못한 모습을 갖는 한, 모든 인간은 하나님 안에 숨겨져 있는 존재로 있다.[32] 우리의 자아는 우리

---

32 다음을 참고하라. Gerhard Sauter, *Das verborgene Leben*(Gütersloh Verlag, 2011). 자우터는 이 글에서 인간의 본질이 하나님 안에서 숨겨져 있음을 주장하고 있다.

의 과거나 우리의 현재 위치나 능력, 혹은 우리의 비전에 의해서 결정되는 것이 아니다. 우리의 개혁의 의지를 통해서 만들어질 수 있는 것도 아니다. 소위 '자아실현'이란 종말론적 사고를 인정하지 않는 인본주의자들의 이상이요 말장난에 불과하다. 자아는 실현되는 것이 아니라 창조되는 것이고 하나님께서 장차 계시하실 그 순간에 발견될 뿐이다(요일 3:2). 하나님의 사역 속에서 우리는 우리 자신의 참 모습을 발견한다. 바울은 우리가 지금 보는 모든 인간은 거울을 보는 것과 같이 희미한 것일 뿐이고 장차 그날이 오면 인간의 본질, 즉 우리가 누구인가 하는 것이 얼굴을 대면하여 보는 것과 같이 분명해 질 것이라고 말했다. 이런 하나님과 인간의 인식에 바탕을 두면서 바울은 인간에 대한 인간 자신들에 의한 모든 판단을 중지하고, 심지어 나 자신에 대한 나의 판단마저도 삼갈 것을 권고한다. 우리를 판단하시는 분은 오직 하나님이시기 때문이다. 그래서 사도 바울은 자기가 옳다고 생각한 그것으로 자신을 판단하지 않는 자가 복되다고 말한 것이다.[33]

판단하는 일에 대해서 말하자면, 우리는 종종 양심이나

33 다음을 참고하라. 자우터, "양심의 소리와 성령의 사역", 『소망을 위하여』, 166-173.

신앙의 기준에 따라 사회와 인간을 또 나 자신을 판단한다. 양심의 판단과 성령의 판단을 구별한다. 다시 말해서 우리들은 나 자신의 판단을 흔히 양심의 판단이라고 말한다. 법질서와 도덕적, 윤리적 규범들이 제 기능을 다하지 못할 때 흔히 양심에 호소하는 이유는 바로 자기 자신을 가장 잘 판단하는 것이 양심이라고 생각하기 때문이다. 양심은 책임감을 가지고 있다. 무엇을 해야만 한다고 말한다. 아무리 열심히 무엇을 해도 그것이 부족하다고 말한다. 항상 마음의 갈등을 일으킨다. 그리고 양심의 궁극적인 판단에 의해 결국에는 스스로 목숨을 끊기도 한다. 양심의 판단은 사회적인 요구와 무관하지 않고 자신의 이상 및 윤리적 규범과 무관하지 않기 때문이다. 때로는 프로테스탄트로서 우리가 No!라고 외쳐야할 이유를 양심에서 발견하곤 한다. 그래서 양심은 변화를 추구하는 근거로 이해된다. 우리 생명에 대해서 우리가 책임져야 한다고 말하기까지 한다. 그러나 이것은 우리 프로테스탄트들에게 있어서 하나의 유혹이다. 성령의 판단은 그렇지 않기 때문이다. 우리의 생명은 그리스도 예수의 생명으로 존재한다. 성령의 판단은 우리가 외치는 No!가 나의 것이 아니라, 오히려 나의 이러한 바람과 판단에 대한 하나님의 No!에 해당된다. 성령의 판단은 그리스도 안에 있는 우리를 결코 정죄하지도 않고 정죄 받도록 허락하지도 않는다. 연약함으로 인해서 좌절할 수밖에 없음을 너무나 잘 알고 있고 그래서 우리를 대신해서 기도하며 우리가 다시 일어서도록 돕는다. 성공을 겨냥하는 것이 아니라 자유를 생각한다. 갈등을 일으키기도 하지만, 파괴를 위한 것이 아니라 새로 태어나기 위한 고통일 뿐이다. 성령의 판단은 현재를 부정하는 것이 아니라, 현재 가운데 감추어져 있는 하나님의 것들이 드러나도록 한다. 어거스틴은 그의 고백록에서 다음과 같이 말했다.

> "주님, 당신은 우리가 당신을 향하도록 그렇게 만드셨습니다. 그러나 우리의 마음은 우리 안에서 불안해할 뿐입니다. 그리고 이러한 불안은 우리가 당신 안에서 안식을 발견하게 될 때까지 계속됩니다."

그리스도가 우리 안에 있다고 해서 양심의 소리가 다 그리스도의 음성은 아니다. 그러나 분명한 것은 우리 안의 그리스도란 다름 아닌 우리를 위한 그리스도라는 사실이다. 그러므로 그가 하신 모든 사역을 참으로 인정하고 또 그것이 우리를 통해 나타나도록 우리 자신을 허용하는 것, 이것만이 우리의 최선의 할 일이다. 작게는 나를 위한 것이고, 크게는 우리 공동체를 위한 것이기 때문이다. 더 나아가서는 사회와 국가를 위한 것이며, 궁극적으로는 하나님의 영광을 위한 것이기 때문이다.

셋째, 그리스도가 우리 안에 오시고 또 그럼으로써 나와 너에 대해 새롭게 이해됨과 동시에 나와 너와의 관계가 변한다. 잘못된 관계가 치유된다. 이것에 대한 좋은 예를 우리는 갈라디아서 2장에서 발견할 수 있다. 유대인들은 여호와 하나님에 의해서 선택된 백성이라는 것과 율법을 가지고 있다는 사실로부터 자기 자신들을 다른 사람들과 구별했다. 율법을 갖지 못한 자들은 이방인으로서 죄인이고(갈 2:16) 자기들은 율법을 소유하고 있는 구원받은 백성이라는 것이었다. 그런데 바로 이러한 차별의식은 하나님의 보편적 은혜로 인해서 무너진다. 유대인들이나 헬라인이나, 서양인이든 동양인이든, 백인이든 흑인이든, 여성이든 남성이든 모든 사람들을 향한 하나님의 은혜는 예수 그리스도로 인해서 그를 믿는 모든 자들을 의롭다고 선언하신다. 우리 안의 그리스도로 인해서, 우리를 우리로 만드는 것이 더 이상 우리가 아니기 때문에 우리 스스로에 의해 이루어진 구별들, 즉 유대인과 이방인의 구별은 무의미해진다. 서로를 차별하고 또 구분 짓도록 만드는 온갖 조건들은 우리 안에 계신 그리스도로 인해서 무너진다. 만약 그렇지 못하다면 우리의 기초를 새롭게 인식하는 개혁이 필요하다. 이를 위해 하나님의 의에 대한 바른 이해가 요구된다. 그리스도가 내 안에 계심을 바로 알고 인정하는 인식의 개혁이 필요하다. 우리의 힘으로는 결코 할 수 없기 때문이다.

> 내가 율법으로 말미암아 율법에 대하여 죽었나니 이는 하나님에 대하여 살려 함이라 내가 그리스도와 함께 십자가에 못 박혔나니 그런즉 이제는 내가 사는 것이 아니요 오직 내 안에 그리스도께서 사시는 것이라(갈 2:19-20).

무슨 말인가? 나 스스로에 의해서 의롭게 되고자 하는 나, 옛날의 나는 죽었다는 말이다. 내 안에 내가 사는 것이 아니기 때문에 이제 더 이상 나를 중심으로 보아서는 안 될 것이다. 내 안에 그리스도가 계심으로 이제 내가 사는 것이 아니고, 내가 결정하는 것이 아니고 그리스도가 살고 그리스도가 결정하신다. 이러한 일이 일어나도록 우리 안에 공간을 비어두는 일이 일어나야 한다. 이것이 바로 '개혁'이다. 이 일이 비록 식상하게 들릴지는 몰라도 이 일이 일어나지 않는 한 우리에게 진정하고 지속적인 개혁은 요원하다. 그럼에도 변화되었다는 것이 있다면 명분을 세우는 일일 뿐이요, 하나님의 영광을 드러내기 위한 것이 아니다.

넷째, 인식과 더불어서 생긴 빈 공간 속에서 성령이 일하실 때 행동의 변화가 온다. 기독교에서 인식과 행위는 서로 분리되지 않는다(참고: 마 18:21-35). 만일 행동의 변화가 아니라 먼저 인식의 변화를 말한다면, 혹자는 사회적 책임을 등한시하는 것이 아니냐고 생각하고, 혹은 무책임하고, 나태하고 심지어 숙명주의에 빠지지 않겠느냐는 우려를 나타낼 것이다. 사실 기독교인이 전체 국민의 3분의 1이 된다고 자랑은 하지만 이 사회 안에서 기독교인들이 도대체 제 기능을 다하고 있는지 의심될 정도로 결실이 보이고 있지 않다는 지적을 많이 받고 있다. 각종 비리와 부패로 구속되는 정치인들이나 경제인들을 보더라도 그들 가운데 상당수가 장로요 집사들이다. 이런 종류의 사람들 가운데는 심지어 목사도 있고 신학교 교수도 있다. 사정이 이와 같다 보니 구약학자이며 제2세대 민중신학을 이끌고 있는 임태수 교수는 1995년에 행한 강연에서 "적어도 한국인들은 행함으로 구원을 얻는다."는 말을 했고 지금도 그 주장은 계속되고 있다. 우리 기독교인들의 잘못된 행위가 하나님의 진리를 어떻게 왜곡시키고 있는지를 보여 주는 좋은 예다. 그래서 인간의 잘못된 행위에 대한 비판이 범람하고 있다. 그러나 고쳐지지 않는 부정적인 현상을 보면서 오히려 뒤집어서 생각해 볼 수 있다. 다시 말해서 인간에 의한 변화라는 것이 결국은 제 자리 걸음이라는 것이다. 그 동안 얼마나 많이 외쳤는가? 우리 스스로 변화를 위한 노력을 얼마나 기울였는가? 그러나 변화된 것 같으면 새로운 문제가 나타나 또 따른 변화가 요구되곤 한다. 해 아래 새것이 없다는 전도서의 말씀을 필자는 우리 안에 그리스도가 없는 삶의 개혁은 결코 새것으로 거듭날 수 없다는 말로 이해한다. 우리가 결코 잊지 말아야 할 진리가 있다. 기독교인들의 잘못된 행위로 인해 설령 하나님의 진리가 백일하에 드러나지 못하게 된다 하더라도 하나님의 진리는 사람들의 행위와는 무관하게 참 진리로 드러나게 된다는 믿음과 기대다. 이 기대는 결코 무너지지 않을 것이고, 예수의 부활은 이것을 확증해 주는 사건이다. 우리의 구원은 오직 하나님의 구원하시는 행위를 통해서 얻는다. 그런데 행함에 있어서 자기 자신만을 생각하고 도덕적 타락에 빠지게 되는 기독교인들은 자신들 안에 계신 예수 그리스도를 인정하지 못하고 있거나 혹은 잘못 이해하고 있기 때문이다. 설령 바로 알고 있었다고 한다면, 삶 속에서 바로 인정하지 않기 때문이다. 기독교에서 앎과 실천, 인식과 고백, 곧 증거는 결코 분리되지 않는다. 동시적인 것이다.[34] 그러므로 우리의 삶은 오직 그의 말씀에 근거한다. 혼탁한 세상 속에서 창조의 주님을 보며 새 하늘과 새 땅이 이루어지길 기대하며, 전쟁 속에서 평화의 주님을 인정하며, 고통 속에서 기쁨을 주시는 주님을 인정하게 된다는 말이다. 이러한 인식이 삶의 변화를 가져온다. 진리는 우리를 자유롭게 만들어 주기 때문이다. 세상 사람들에게 아무런 매력이나 가치도 없고 또 불확실할 뿐만 아니라, 심지어 위험하다고 여겨지는 것이라 할지라도, 참 주님을 바로 알게 되고 우리의 기초를 그 인식 위에 굳게 세워 놓는다면 예수님의 말씀이라는 그 이유 하나만으로 우리들의 삶 전체를 지탱하도록 허락하게 된다. 이것이 바로 우리 안의 그리스도를 우리가 인정하는 믿음이다.

---

34 참고로 하나님의 말씀에 해당하는 히브리어 다바르가 word와 thing의 의미를 갖는 것은 기독교 신학에 있어서 교의학과 윤리학이 결코 분리되어서는 안 된다는 당위성을 암시해 준다.

기독교 신학에서 인식은 하나님의 세계를 보는 것과 그것에 대해 듣는 것에 근거하고 있다. 그것은 우리들에게 보이지도 또 들리지도 않는 것이지만 하나님이 계시를 통해서 볼 수 있게 하시고 또 들을 수 있도록 하셨다. 학문이라는 것은 결국은 보이지 않거나 혹은 정확하게 말해서 아직 밝혀지지 않는 것들을 드러내도록 노력하는 활동이다. 하지만 신학은 특별히 새로운 세계, 이미 계시되었지만 아직 나타나 있지 않거나 혹은 감추어져 아직 보이지 않는 하나님의 현실을 인식하는 행위이면서 또한 그것을 인간의 언어와 상징적 행위로 드러내 보여 주는 기술행위이다. 뿐만 아니라 기독교 신학은 인식과 실천을 분리하지 않는다. 예수님은 먼저는 산상수훈(마 7:24-27)에서 그리고 천국의 비유(마 18:21-35)를 통해서 이 두 가지 상관관계를 아주 잘 보여 주셨다. 특히 천국의 비유는 일만 달란트를 탕감 받았음에도 불구하고 정작 자신은 백 데나리온의 빚을 진 친구에 대해서 독촉하다 못해 친구를 법정에 세운 자에 대한 용서가 철회되는 경우를 보여 주고 있다. 어리석은 사람은 자신이 어떠한 용서를 받았는지를 잘 알지 못했다. 혹시 객관적인 정보로 알았는지 모르지만 자신의 삶 속에서 그것을 인정하지 못했다. 인식과 행위는 결코 분리되지 않지만, 변화는 바른 인식을 통해서 자연스럽게 이루어진다. 그렇지 않다면 많은 경우에 있어서 혁명적인 방법이 동원되는 것을 우리는 역사를 통해서 배울 수 있다.

5. 목회적인 통찰

인식의 변화와 삶의 변화에 대한 지금까지의 서술은 목회 현장에서 어떤 통찰을 줄 수 있는지에 관해 생각해 보자.

예수 그리스도는 자기의 뜻대로 사시지 않았고 또 자기 자신의 유익을 위해서 살지도 않으셨다. 그는 하나님의 뜻을 아셨고 그 뜻에 순종하셨다. 하나님의 영광을 아시고 또 스스로 그 영광을 얻으신 분이었지만 연약한 자들을 위해 사시면서 그들과의 연합을 결코 부끄러워하거나 주저하지 않으셨다. 그는 하나님과 하나였다. 참 하나님이시다. 그의 행위는 바로 하나님의 뜻이 실현되는 것으로 이어졌다. 바로 이분이 우리 안에 계신다. 바로 이분이 참 사람으로서 자신의 처소를 우리 안에 세워놓으셨다. 이 분이 참된 나의 정체성과 의지를 구성한다. 이분의 행함과 뜻이 참이고 진리라고 인정함에도 불구하고 행위에 있어서 그렇지 못한 사람들은 바로 자기모순에 빠진 것일 뿐이다. "선생님이여 내가 무슨 선한 일을 하여야 영생을 얻으리이까?(마 19:16)" 라고 묻는 젊은 청년을 향해서 "네 소유를 팔아 가난한 자들에게 주라(마 19:21)."고 하신 예수님의 말씀을 많은 사람들은 선한 행위를 요구하는 것으로 이해하고 있다. 그렇지 않다. 예수님의 말씀은 구원을 얻고자 하는 그 젊은 청년에게 올바른 구원은 자기가 무엇을 행함에 있는 것이 아니라 예수의 삶이 그의 삶 속에서 인정되고 있는가를 묻고 계신 것이다. 다시 말해서 예수의 대답은 '네가 가난한 자들 가운데 있는 나를 인정하느냐'는 질문에 해당한다. 이 질문에 대해서 그 젊은 청년은 대답할 수 없었던 것이다. 화려한 구원, 대가가 기대되는 율법적인 구원에는 자신이 있었지만 가난하고 연약한 자들 속에 머무는 그런 구원을 그는 생각할 수도 또 원하지도 않았던 것이다. 행위에 대한 촉구가 아니라 인식의 변화를 요구하신 것이다.

지금은 어떤 시대인가? 생명과학의 시대, 인공지능의 시대, 4차 산업혁명의 시대, 정치 사회 경제, 그리고 교육 부분에서 철저한 변화가 요구되는 그런 때이다. 이런 변화의 흐름에 맞는 모습으로 또한 교회가 바뀌어야 할 때라고 많은 사람들은 생각한다. 하나님의 정의를 충족시키기 위해서 우리가 마땅히 무엇을 해야만 하는 그런 때로 느낀다. 한편으로는 분명 그렇다. 이 시대에 필요한 것은 분명 변화다. 부정할 수 없는 사실이다. 그러나 더욱 중요하고 또한 선행되어야 하는 것이 있다. 지금 우리의 시대는 내가 나에 의해 주장되고, 하나님이 하나님으로 인정받지 못하고 있고, 인간의 온갖 야망과 비전이 하나님의 비전으로, 하나님의 계획으로 탈바꿈되고 있고, 인간의 능력이 하나님의 능력을 대신하고, 하나님의 판단보다는 인간의 판단이 더 유효하게 여겨지는 그런 시대이다. 에스겔 선지자의 때와 무엇이 다른가? 에스겔을 통해서 보여 주신 하나님의 뜻은 무엇인가? 심판을 통해 분명히 알게 될 것이 있는데 심판하시는 분이 참 하나님 여호와라는 것이다. 지금은 우리가 여호와 하나님을 참 하나님으로 바로 인식하고 인정할 때이다. 하나님은 하늘에서 이미 완성하신 당신의 나라를 지금 이곳에서 세우시기를 원하신다. '우리가 무엇을 해야만 하는가?' '무엇을 바꾸어야 하는가?' 라는 질문은 이제 바뀌어야 한다. '하나님은 무엇을 하고 계시는가, 무엇을 하실 것인가, 무엇을 위해서 나를 필요로 하시는가?' 우리 안에 계신 그리스도, 그의 말씀, 하나님의 영이 무엇을 이루려 하시는가에 대한 분명한 인식을 가져야 할 때이다. 모든 순간 우리와 함께 하시면서 우리에게 당신을 보이시는 하나님을 하나님으로 바로 알고 인정하는 일이 우선적으로 요구된다. 이 일이 우리가 성급하게 기울이는 변화를 위한 노력보다 선행되어야 한다. 이는 곧 우리 자신을 비어 내고 우리 안에 예수 그리스도의 자리를 마련해 두는 것이다. 인간의 모습으로 인간 가운데 오신 예수 그리스도를 영접하지 못해 죄를 범한 사람들의 잘못을 오늘 우리가 반복해서는 안 될 것이다. 심지어 연약한 모습으로 나타나시는 하나님의 모습을 참 하나님으로 인정하는 가운데 하나님이 스스로 참 하나님으로 입증될 공간을 남겨두어야 할 것이다. 내 안에 그리스도를 바로 아는 자만이, 곧 오직 의롭다 인정하심을 받았음을 아는 사람만이 주님 안에서의 삶을 누리게 될 것이다. 루터의 개혁은 바로 이것에 대한 분명한 깨달음에서 시작되었고 이것을 바탕으로 하나님이 하나님으로 인정받기를 원하시는 때에 자기가 사용되고 있음을 깨달은 것뿐이다. 하나님의 의, 그의 구원하시는 역사에 대한 바른 인식으로서의 개혁은 루터에 의해 발견되고 그에 의해서 먼저 일어났다. 과거와는 차별화된 이런 개혁으로 인해 루터는 당시 교회가 가지고 있던 하나님에 대한 잘못된 인식에 대해 힘차게 No!를 말할 수 있었다. 이러한 신학적인 근거로부터 제도적인 변화를 과감하게 시도할 수 있었던 것이다.

6. 나가는 말

필자는 지금까지 신학적으로 새로운 인식을 통해 종교개혁을 시작할 수 있었다는 사실을 보여 주려 노력했고, 이에 따라 필요한 실천적인 과제에 관해 생각해 보았다. 글을 마무리하면서 이 사실이 과연 종교개혁 이후 500년이 지난 오늘날 한국 교회를 위해 어떤 의미가 있을지 생각해 보자. 변화를 위해 오늘 우리가 새롭게 인식해야 할 하나님의 행위는 무엇일까?

만일 부패한 현실이 아니라 신학적인 인식이 관건이라면, 한국 교회의 개혁을 말하는 목소리가 끊이지 않는 현실에서 우리는 무엇보다 현상을 태동하게 한 신학에 주목해야 한다.[35] 이런 문제의식에서 볼 때 필자에게 가장 크게 다

35 이런 노력의 일환으로 필자는 과거 장로교의 분열을 단순한 교권 싸움으로 보는 관점에서 벗어나 신학적인 판단에 따른 결과로 조명한 바 있다. 다음을 참고하라. 성염/이태하/최성수, 『종교다원주의 시대의 기독교와 종교적 관용』, 서울: 민지사, 2001, 57-138.

가오는 질문은 '한국 신학에 과연 문화 형성 능력이 있는가?'이다.

이런 점에서 한국 신학의 문화 형성 능력을 신학적인 과제로 파악하며 한국의 종교문화사와 교회 및 신학의 역사를 비판적으로 조명하고, 이를 바탕으로 풍류도의 신학을 전개했던 유동식의 노력을 재조명할 필요가 있다. 특히 그의 선구적인 노력으로 신학의 토착화 논의가 시작되고, 그 후 일련의 논의를 바탕으로 예배 예전에 한국의 전통 악기와 문화를 도입한 것은 매우 고무적인 일이라 생각한다.

그러나 안타까운 점은 신학적인 문제인식과 논쟁에 있어서 지나치게 서구 신학에 의존하려는 경향이 여전한 현실이다. 현상에 대한 관찰과 관찰된 것에서 신학적인 문제를 인식하고 그 후에 문제를 해결하는 과정에서 전개된 논쟁을 살펴보면 대체로 서구 의존적이다.[36] 다시 말해서 한국교회의 문제를 한국인 스스로 성찰한 후에 신학적인 논쟁을 거쳐 인식하는 방식을 취하기보다 서둘러 서구 이론에 의존하여 문제 해결을 시도하고 있다. 이것은 신학이론 형

---

36 다음 논문을 참고하라. "한국 신학의 '신학적 과제 인식'에 대한 신학적 성찰", 『한국문화와 예배』, 한국문화신학회 편, 한들, 1999, 216-249.

성 과정과 관련해서 이미 잘 알려진 사실이나 진지하게 인지되지 못하고 있다.

신학적인 주제는 하나님의 행위에 대한 인간들의 인식을 체계적으로 표현한다. 아직까지는 서구적인 전통이 지배적이지만 그렇다고 서구적인 것만은 아니다. 진정으로 한국인의 관점에서 신학하기를 원한다면 서구인들의 하나님 인식을 문제해결을 위해 차용하기 이전에 먼저 그들이 왜 그렇게 인식했는가를 정확하게 관찰할 필요가 있다. 그 다음에는 관찰한 것을 바탕으로 그것과 다른 인식의 가능성을 제시할 수 있을 뿐 아니라 특히 동양적인 시각에서 새롭게 인식할 수 있음을 입증해야 할 것이다. 신학적인 주제에 관한 성찰과 논의는 서구 전통과의 대화를 불가피하게 하지만 그렇다고 해서 동양적인 것이 아무런 의미가 없는 것은 아니다. 문제는 한국 교회의 문제에 대한 관찰과 인식은 그렇다 해도 한국인에 의한 논쟁이 결여되어 있는 것이다.

하나님의 행위에 대한 동양적 인식은 바로 주제에 대한 동양적인 이해와 논의를 전제한다. 신학적인 주제와 신학적인 전통과의 논의 과정을 통해서 우리는 신학을 학문으로 구성할 수 있다. 이렇게 되면 한국인들의 신앙고백에 대한 이유를 묻는 사람들에게 설명할 수 있는 가능성을 확보

할 수 있다. 바로 이런 과정을 거쳐 신학함을 실천할 때 타 학문과의 대화는 신학적인 주제의 발견을 위해(발견의 맥락) 절대적으로 필요하며 또한 신학적으로 근거를 짓는 작업 이전의 과정(정당화 맥락)에서 필요한 작업임을 알 수 있다.